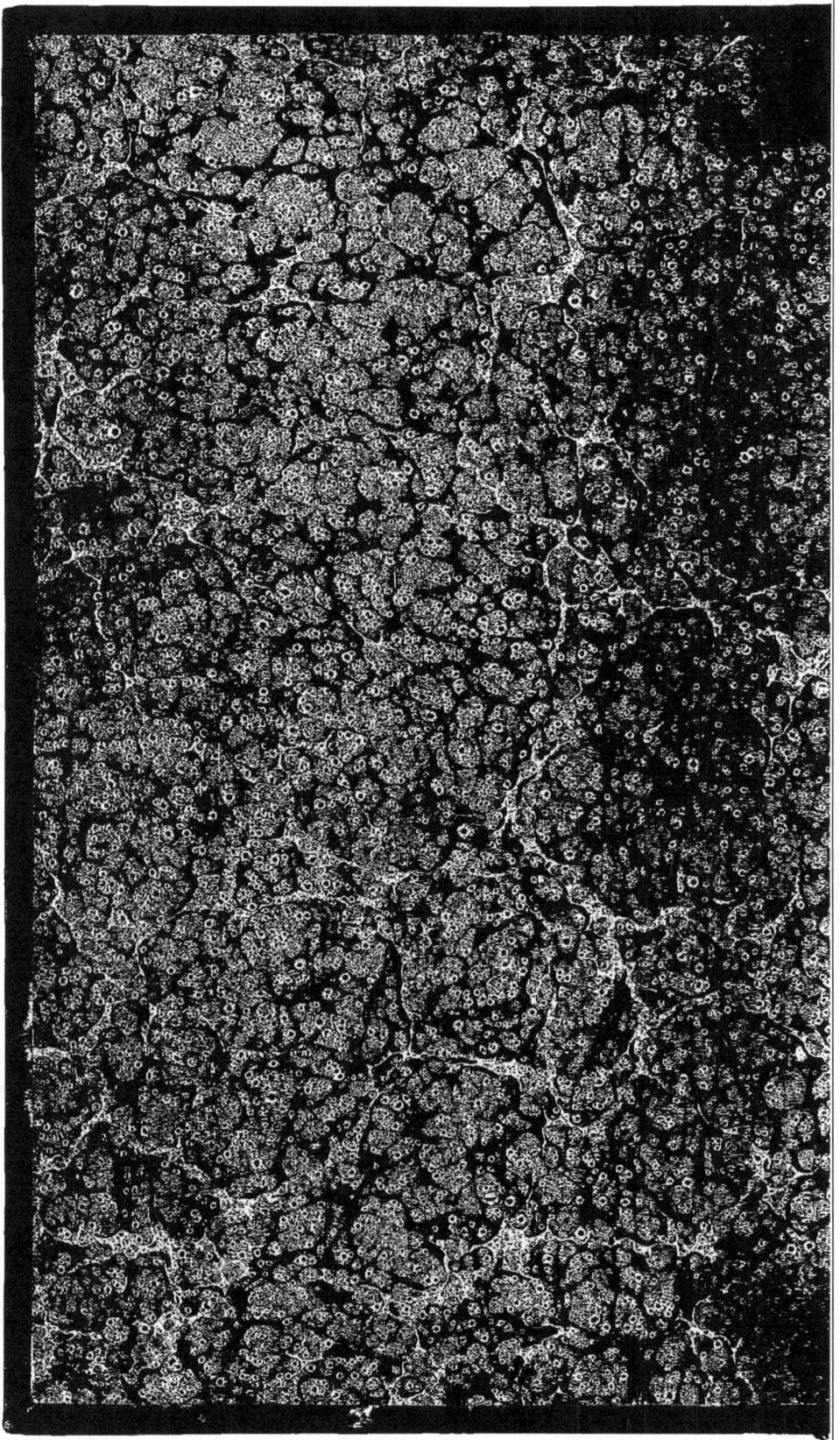

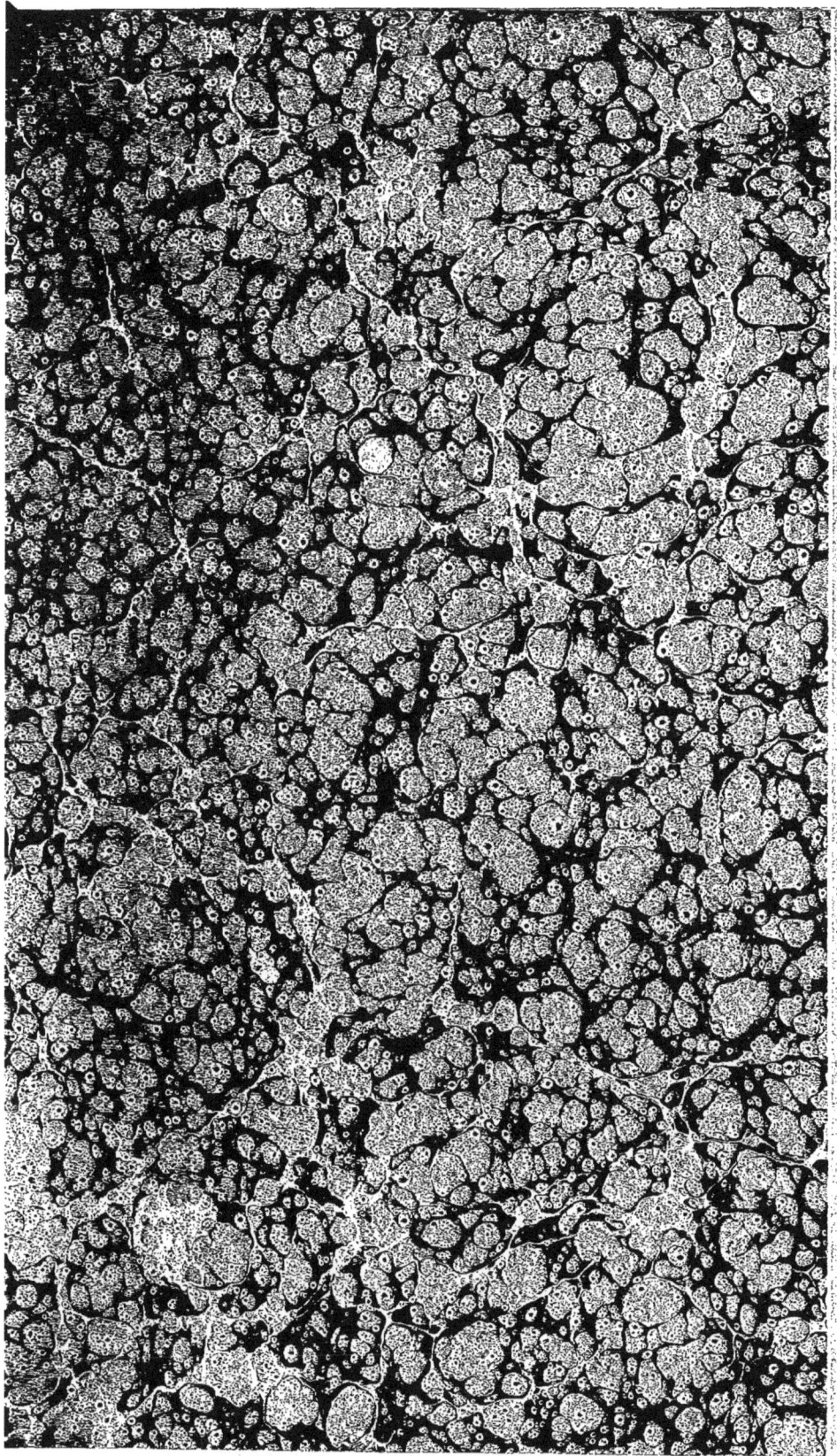

EXPROPRIATION POUR CAUSE D'UTILITÉ PUBLIQUE.

GUIDE

Pour l'Exécution

# DE LA LOI

DU 3 MAI 1841.

EXPROPRIATION POUR CAUSE D'UTILITÉ PUBLIQUE.

# GUIDE

Pour l'Exécution

# DE LA LOI

## DU 3 MAI 1841,

### Par J.-A. Gibelin,

Chef de la 2me Division des Bureaux de la Préfecture du Var.

Draguignan,

CHEZ H. BERNARD, IMPRIMEUR-ÉDITEUR,

PRÈS LA PAROISSE.

1843.

# INTRODUCTION.

—

Le but de cet ouvrage est d'établir par ordre les opérations que la loi exige ;

De présenter aux divers agents, chargés de l'exécution de cette loi, la formule des actes qu'elle prescrit;

D'indiquer aux propriétaires les droits qu'elle leur réserve et les obligations qu'elle leur impose ;

D'offrir au jury spécial qu'elle institue l'indication de ses attributions.

Toutes les dispositions de la loi sont classées par lettre alphabétique et dans un ordre méthodique, pour en faciliter les recherches. Les articles marqués d'un L sont ceux qui sont extraits textuellement de la loi; les renvois indiquent les parties d'articles qui se rapportent à l'article entier.

Cette division était indispensable dans la méthode adoptée, elle était même inévitable.

L'O placé après l'article, indique l'ordonnance du 18 février portant réglement sur les formalités des enquêtes relatives aux travaux publics, la seule, dans l'espèce, qui doive être suivie.

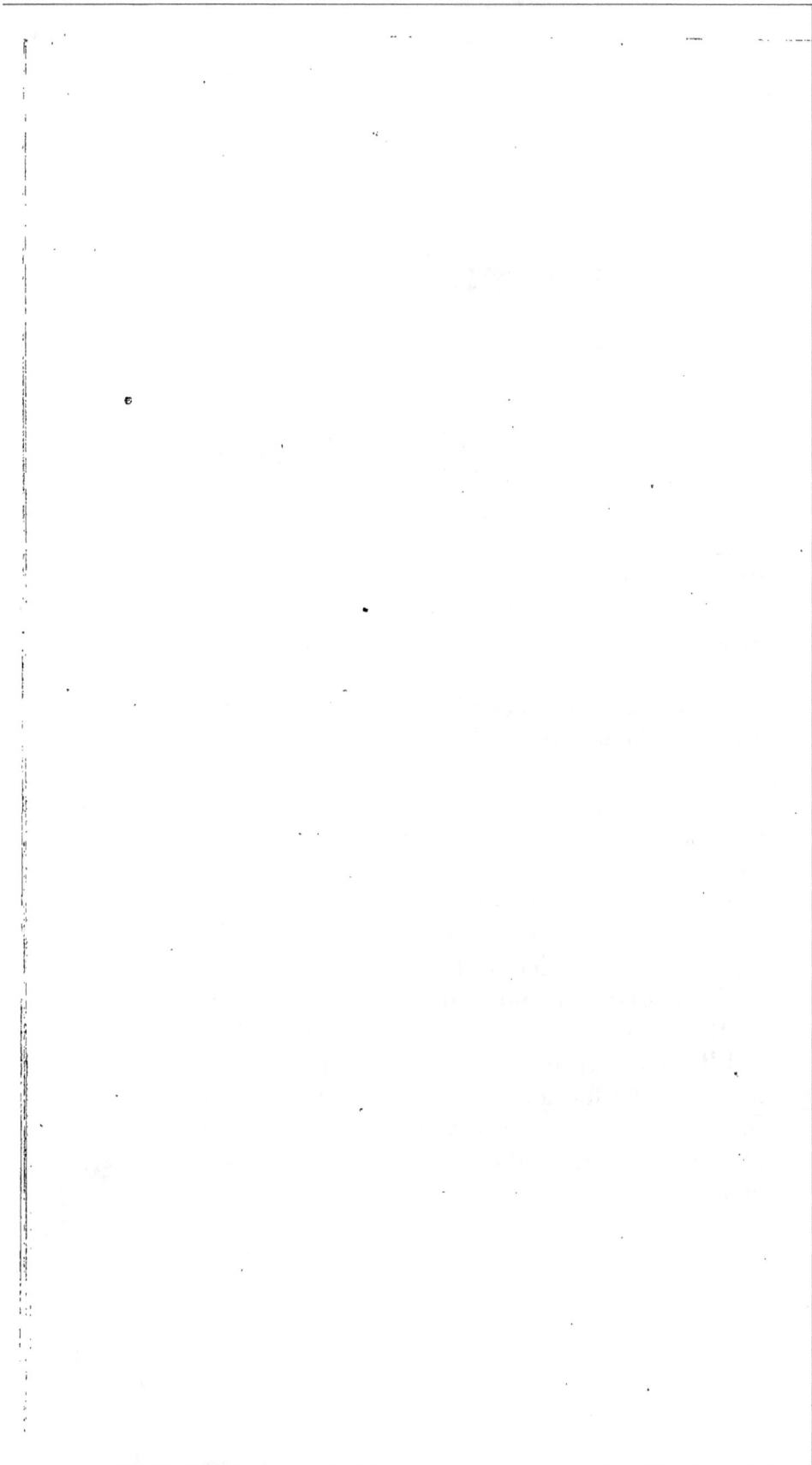

# GUIDE

## POUR L'EXÉCUTION

# DE LA LOI

## DU 3 MAI 1841.

**ABROGATION.** Action d'anéantir un acte par un autre acte.

ART. 77 L. Les lois des 8 mars 1810 et 7 juillet 1833 sont abrogées.

Cette abrogation est expresse et générale. Elle ne laisse aucun doute dans l'esprit sur l'existence du mode précédent; elle le débarrasse de tout sentiment d'hésitation, dans l'application de la loi nouvelle, et le dispense de recourir aux lois antérieures, pour l'accomplissement des formalités relatives à l'expropriation pour cause d'utilité publique.

**ABSENCE.** Disparition du domicile; défaut de présence dans une assemblée à laquelle on a été convoqué; dans une opération à laquelle on a été appelé; dans le sein d'une famille dont on fait partie. (V. *Absent.*)

ABSENT. Celui qui, depuis son éloignement du lieu où sa présence est nécessaire, laisse passer quatre ans sans faire connaître son existence. Jusque-là la loi ne prescrit, à l'égard des biens de l'absent, que des mesures de conservation. L'absence d'une personne qui a laissé procuration ne peut être déclarée qu'au bout de 10 ans. Dans l'un comme dans l'autre cas, la déclaration d'absence, qui doit toujours être précédée d'une enquête, n'est prononcée, par le tribunal du dernier domicile de l'absent, qu'un an après le jugement qui a ordonné cette enquête.

La déclaration d'absence, sous caution, a pour objet de ne conférer que comme un dépôt et un simple droit d'administration, la possession provisoire des biens de l'absent.

Les envoyés en possession provisoire desdits biens et autres représentants d'incapables, ne peuvent ni aliéner, ni hypothéquer les immeubles de l'absent ou de l'incapable, à moins d'en obtenir l'autorisation de la justice. La loi du 3 mai 1841, article 13, qui maintient ce principe, les rend habiles à consentir amiablement l'aliénation de la partie de ces biens qui est nécessaire aux travaux d'utilité publique.

Si des biens d'absents dont l'expropriation est poursuivie, se trouvent compris dans les plans déposés à la mairie de la commune, ou dans les modifications de ces plans, par l'administration supérieure, au tracé des travaux, les représentants de ces absents peuvent consentir amiablement l'aliénation de ces biens, suivant les formes préalables exigées en cas d'aliénation. (V. *Aliénation.*)

Ceux qui ont été envoyés en possession provisoire des biens d'un absent, peuvent valablement accepter les offres de l'administration, ayant pour objet la somme des indemnités, s'ils y sont autorisés, comme il est dit, dans les formes indiquées pour les aliénations. (V. *Offres de l'administration.*)

En cas d'absence d'un membre du tribunal, commis pour remplir les fonctions de magistrat directeur du jury, et du membre du même tribunal qui doit le remplacer au besoin, il est pourvu au remplacement immédiat de ces deux magistrats par une ordonnance du président du tribunal civil, sur requête. (V. *Requête.*)

ABSTENTION DU JUGE. Les magistrats qui font partie du tribunal chargé de faire le choix du jury spécial, qui seraient parents ou alliés des parties soumises à l'expropriation pour cause d'utilité publique, jusqu'au degré de cousin germain inclusivement; s'il y avait eu de leur part agression, injures ou menaces, verbalement ou par écrit, depuis l'instance ou les six mois précédents, doivent s'abstenir de siéger. Les membres du jury spécial, considérés comme juges lorsque l'assemblée est légalement constituée, sont dans la même position. (Art. 378 du Code de procédure.)

En cas d'abstention ou de récusation des membres du tribunal chargé de faire le choix du jury spécial, ce choix est déféré à la cour royale. (V. *Jury spécial.*)

ACCEPTATION. Acte par lequel on donne son consentement à une offre.

ART. 24 L. Dans la quinzaine suivante ( *celle qui suit la notification des sommes offertes par l'administration*), les parties et autres intéréssés sont tenus de déclarer leur acceptation, ou, s'ils n'acceptent pas les offres qui leur sont faites, d'indiquer le montant de leurs prétentions. (V. *Offres.*)

*Modèle de déclaration d'acceptation.*

L'an mil huit cent quarante      et le      du mois de
      à la requête du sieur      Nous      assermenté
devant le tribunal civil d      avons notifié à l'administration, en la personne d      l'acceptation des offres faites en
son nom, au sieur      de consentir amiablement l'aliénation d      nécessaire pour l'exécution d      moyennant
la somme de      à charge par l'administration de le prévenir

pour la passation de l'acte administratif de vente et de lui en
faire payer le montant après l'accomplissement, s'il y a lieu,
de toutes les formalités, et pour que l'administration n'en
ignore, nous avons laissé copie du présent a         parlant à
la personne de

**ACQUISITION.** Action d'acquérir par l'effet d'une
vente.

Art. 19 L. Lorsqu'il y a convention amiable, le
prix des acquisitions dont la valeur ne s'élèverait pas
au-dessus de 500 fr., peut-être payée sans l'accomplissement des formalités prescrites par la loi. (V.
*Conventions amiables.*)

Art. 50 L. Les bâtiments dont il est nécessaire
d'acquérir une portion, pour cause d'utilité publique,
seront achetés en entier, si les propriétaires le requièrent par une déclaration formelle adressée au
magistrat directeur du jury, dans les délais énoncés
aux articles 24 et 27 de la loi. (V. *Acceptation, Délais pour l'acceptation.*)

Il en sera de même de toute parcelle de terrain,
qui, par suite du morcellement, se trouvera réduite
au quart de la contenance totale, si toutefois le propriétaire ne possède aucun terrain contigu, et si la parcelle ainsi réduite est inférieure à 10 ares. (V.
*Conventions amiables.*)

*Modèle de déclaration formelle adressée au magistrat
directeur du jury.*

L'an mil huit quarante         le         du mois d
à la requête de M.
demeurant à         compris dans l'état des propriétés
qui doivent être cédées pour
lesquelles propriétés ont été indiquées dans l'arrêté pris en
vertu de l'article 11 de la loi du 3 mai 1841, par M. le préfet,
le
Nous         assermenté devant le tribunal civil de
         déclarons formellement au nom du requé-
rant, à M.         magistrat directeur du jury spécial, conformément à l'article 50 de la loi du 8 mai 1841, que

l'intention du sieur          est de céder en entier la propriété pour laquelle il est compris dans l'état et l'arrêté précité.
Requérous, en conséquence, qu'il soit procédé à la fixation
définitive de l'indemnité pour la totalité de ladite propriété,
le requérant renonçant au bénéfice des articles 60 et 61 de la
loi précitée, conformément à l'article 62.

Nous avons nous même laissé copie du présent au greffe du
tribunal civil, parlant à la personne du          greffier, qui a
signé l'original.

ACTES ADMINISTRATIFS. Écrits émanés d'un administrateur, dans l'exercice de ses fonctions. Arrêté,
décision, avis de l'autorité administrative.

ART. 56 L. Les contrats de vente, et autres actes relatifs à l'acquisition des terrains, peuvent être passés
dans la forme des actes administratifs; la minute restera déposée au secrétariat de la préfecture : expédition en sera transmise à l'administration des
domaines.

Les fonctionnaires qui peuvent passer les contrats
de vente dans la forme des actes administratifs, sont
les préfets, sous-préfets, maires et adjoints. Dans le cas
de concession des travaux à des compagnies, ces fonctionnaires ne sont pas tenus de recevoir ces actes,
l'administration elle-même pouvant employer le ministère des notaires.

Il est quelquefois des localités où le ministère des
notaires peut être utilement employé, par exemple
lorsque les administrateurs locaux ne réunissent pas
les lumières suffisantes pour rédiger ces actes avec
exactitude et intelligence ; alors le préfet désigne le
notaire qui doit en être chargé et entre en composi-
tion avec lui pour fixer ses honoraires. ( V. *Contrats
de vente.* )

*Analyse des Actes qui doivent être faits par les diverses
autorités administratives, en matière d'expropriation
pour cause d'utilité publique, conformément à la loi
du 3 mai 1841.*

1. Acte du préfet qui désigne les localités ou territoires sur lesquels les travaux doivent avoir lieu,
lorsque cette désignation ne résulte pas de la loi ou
de l'ordonnance royale. (V. *Préfet.*) Art. 2.

2. Arrêté ultérieur par lequel le préfet détermine
les propriétés particulières auxquelles l'expropriation
est applicable. (V. *Préfet.*) Art. 2.

3. Plan parcellaire des terrains ou des édifices dont
la cession paraît nécessaire. (V. *Plan.*) Art. 4.

4. Plan des propriétés particulières, indicatif des
noms de chaque propriétaire, tels qu'ils sont inscrits
sur la matrice des rôles. (V. *Plan.*) Art. 4.

5. Acte de dépôt de ce plan à la mairie de la commune où les propriétés sont situées, afin que chacun
puisse en prendre connaissance. (V. *Dépôt.*) Art. 5.

Cet acte peut être fait par le préfet et doit indiquer le délai de huit jours, que durera le dépôt.

6. Avertissement collectif donné par le maire aux
parties intéressées, de prendre communication du
plan déposé à la mairie. (V. *Avertissement.*) Art 6.

7. Avertissement publié à son de trompe ou de
caisse, affiché tant à la porte principale de l'église du
lieu qu'à celle de la maison commune. (V. *Avertissement.*) Art. 6.

8. Insertion de l'avis de ce dépôt, dans l'un des
journaux publiés dans l'arrondissement, ou, s'il n'en
existe aucun, dans l'un des journaux du département.
(V. *Avis.*) Art. 6.

9. Certificat du maire qui constate que les publications et affiches qui font l'objet des numéros ci-dessus 6, 7 et 8, ont été faites aux lieux et de la manière
qui y est indiquée. (V. *Certificat.*) Art. 7.

10. Ouverture d'un procès-verbal où le maire men-

tionne la comparution des parties, leurs déclarations et réclamations qu'elles signent ou qu'elles écrivent, et où il annexe celles de ces réclamations ou déclarations qui lui sont transmises par écrit. (V. *Procès-verbal.*) Art. 7.

11. Arrêté du préfet portant nomination de la commission d'expropriation qui doit se réunir au chef-lieu d'arrondissement sous la présidence du sous-préfet, à l'expiration de huitaine qu'a duré le dépôt du plan et l'ouverture du procès-verbal du maire, n$^{os}$ 5 et 10. (V. *Préfet.*) Art. 8.

12. Procès-verbal que cette commission doit dresser de ses opérations dans le délai de 10 jours à dater de celui de l'expiration de la huitaine, n° 5. (V. *Procès-verbal.*) Art. 9.

13. Procès-verbal du sous-préfet, s'il y a lieu, pour constater dans les trois jours qui suivent l'expiration du délai indiqué au n° 12 ci-dessus, que les opérations de la commission d'expropriation n'ont pas été mises à fin dans ledit délai. (V. *Procès-verbal.*) Art. 9.

14. Avertissement, s'il y a lieu, du sous-préfet aux parties intéressées, pour les prévenir que la commission propose des changements au tracé, et que son procès-verbal restera déposé pendant huit jours à la sous-préfecture, à dater de cet avertissement. Cet avis devra être donné dans la forme indiquée par l'article 6 de la loi ci-dessus. Elles seront averties qu'elles peuvent en prendre communication sans déplacement et sans frais, et fournir leurs observations écrites (V. *Avertissement.*) Art. 10.

15. Envoi du sous-préfet au préfet, dans les trois jours suivants, de toutes les pièces qui précèdent. (V. *Sous-Préfet.*) Art. 10.

16. Arrêté du préfet pour déterminer les propriétés qui doivent être cédées, et l'époque à laquelle il en sera pris possession. (V. *Préfet.*) Art. 11.

17. Arrêté du préfet pour surseoir à la prise de possession, dans le cas où la commission aurait proposé des changements au tracé. (V. *Préfet.*) Art. 11.

18. L'administration supérieure pourra, suivant les circonstances, statuer définitivement, ou ordonner qu'il soit procédé de nouveau à tout ou partie des formalités prescrites par les articles précédents. ( V. *Sursis à la prise de possession.* ) Art. 11.

19. Demande en expropriation formée par une commune, et dans un intérêt purement communal.

La loi déclare les articles 8, 9 et 10 ci-contre non applicables à l'espèce, mais elle prescrit les autres formalités. (V. *Communes.*) Art. 12.

20. Envoi de cette demande et des pièces indiquées par les n°ˢ 4, 5, 6, 7, 8, 9 et 10 ci-contre, et de l'avis du conseil municipal au sous-préfet, qui les transmet au préfet avec ses observations. ( V. *Communes.* ) Art. 12.

21. Arrêté du préfet en conseil de préfecture, sauf l'approbation de l'administration supérieure, n°ˢ 16, 17 et 18, suivant le cas, c'est-à-dire qu'il prononce comme au n° 16, si le conseil municipal ne propose aucun changement. (V. *Préfet.*) Art. 12.

22. Aliénation par le ministre des finances, des biens de l'état et de ceux provenant de la dotation de la couronne, sur la proposition de l'intendant de la liste civile. (V. *Aliénation.*) Art. 13.

23. Aliénation des biens des départements, pour les grands travaux d'utilité publique, par les préfets, autorisés par les conseils généraux. La loi ne dit pas que ces délibérations devront être approuvées par le roi en conseil d'état. (V. *Aliénation*). Art. 13.

24. Aliénation des biens des communes, avec l'autorisation des conseils municipaux dont les délibérations doivent être approuvées par le préfet en conseil de préfecture (V. *Aliénation.*)

25. Aliénation des biens des établissements publics autorisée par délibération du conseil d'administration, approuvée par le préfet en conseil de préfecture. (V. *Aliénation.*) Art. 13.

26. Envoi de pièces. A défaut de conventions amiables soit avec les propriétaires des terrains, soit avec

ceux qui les représentent, le préfet transmet au procureur du roi, dans le ressort duquel les biens sont situés, la loi ou l'ordonnance qui autorise l'exécution des travaux, et l'arrêté mentionné en l'article 11, n° 16, ci-dessus. (V. *Préfet.*) Art. 13.

27. Envoi en communication. Si dans l'année de l'arrêté du préfet, dont il est parlé à l'article qui précède, l'administration n'a pas poursuivi l'expropriation, tout propriétaire dont les terrains sont compris audit arrêté peut présenter requête au tribunal. Cette requête sera communiquée par le procureur du roi au préfet, qui devra, dans le plus bref délai, envoyer les pièces mentionnées en l'article 14, n° 26, ci-dessus; il sera statué par le tribunal, dans les trois jours. (V. *Préfet.*) Art. 14.

28. Affiche de l'acte de vente amiable, ou du jugement d'expropriation. Art. 15.

Publication comme il est dit aux n°s 6, 7 et 8. (V. *Publication.*)

29. Notification de l'extrait de l'acte de vente amiable, ou du jugement contenant les motifs et le dispositif de ces actes. Cette notification est faite aux propriétaires, au domicile qu'ils ont élu par une déclaration faite à la mairie de la commune où les biens sont situés. S'il n'y a pas eu élection de domicile, la notification de l'extrait est faite en double copie au maire et au fermier, locataire, gardien ou régisseur de la propriété. (V. *Notification.*) Art. 15.

30. Transcription de l'acte de vente amiable ou du jugement au bureau de la conservation des hypothèques de l'arrondissement, conformément à l'article 2181 du code civil. Cette transcription n'a lieu que lorsque les formalités indiquées aux n°s 28 et 29 ont été remplies. (V. *Transcription.*) Art. 16.

31. Payement du prix des acquisitions dont la valeur ne s'élèverait pas au-dessus de 500 francs. L'administration peut l'ordonner sans l'accomplissement des formalités indiquées aux n°s 28 et 29. (V. *Indemnité.*) Art. 19.

32. Notification des sommes que l'administration offre pour indemnités. Cette notification est faite aux propriétaires, de la manière déjà indiquée aux n°s 28 et 29. (V. *Offre.*). Art. 23 et 15, §§ 2 et 3.

33. Acceptation. Le ministre des finances, les préfets, les maires ou administrateurs, peuvent accepter les offres d'indemnités pour expropriation des biens appartenant à l'état, à la couronne, aux départements, aux communes ou établissements publics. (V. *Acceptation.*) Art. 26.

34. Citation. Lorsque les offres faites par l'administration n'ont pas été acceptées par les parties intéressées, l'administration les fait citer devant le jury spécial. Elle indique dans cette citation la somme refusée. Cette citation est faite au propriétaire quinze jours après la notification de l'offre, art. 15, aux femmes mariées et à leur maris, aux tuteurs et représentants d'incapables, dûment autorisés, un mois après ladite notification, au ministre des finances, préfets, maires et administrateurs, dans le même délai d'un mois. (Art. 25, 26 et 27.) Art. 28.

35. Envoi par le préfet à la cour royale et au tribunal du chef-lieu du département, de la liste des électeurs choisis par le conseil général dans sa dernière session, pour former le jury spécial. (V. *Liste.*) Art. 29.

36. Envoi par le préfet au sous-préfet, de la liste des jurés spéciaux qu'il a reçue de la cour royale ou du tribunal. (V. *Jurés.*). Art. 31.

37. Récusations péremptoires. L'administration a le droit d'en exercer deux, lors de l'appel des causes. (V. *Récusation.*) Art. 34.

38. Payement des indemnités réglées par le jury avant la prise de possession des terrains. L'administration paye aux parties intéressées l'indemnité de terrain. Art. 53, 54 et suivants. (V. *Indemnité.*) Art. 41.

39. Offre réelle en cas de refus. En cas de refus et après offre réelle, l'administration fait consigner la somme et prend possession du terrain. (V. *Offres.*) Art. 53.

40. Consignation. Lorsqu'il y a inscription sur l'immeuble, l'administration ne fait pas d'offre, elle fait consigner. ( V. *Consignation.* ) Art. 54.

41. Mandat. S'il s'agit de travaux exécutés par l'Etat ou les départements, l'offre pourra se faire au moyen d'un mandat. ( V. *Mandat.* ) Art. 53.

42. Significations et notifications. Toutes celles mentionnées dans la loi du 3 mai 1841, sont faites à la diligence du préfet du département de la situation des biens.

Elles peuvent être faites tant par huissier que par tout agent de l'administration dont les procès-verbaux font foi en justice. ( V. *Notification.* ) Art. 57.

43. Notification de l'ordonnance qui déclare l'urgence du jugement d'expropriation qui porte envoi en possession. Cette notification est faite de la manière indiquée aux nos 28, 29 et 30, avec assignation devant le tribunal civil. ( V. *Notification.* ) Art. 65 et 66.

44. Publications, affiches et notifications. Lorsque des terrains acquis pour des travaux d'utilité publique ne reçoivent pas cette destination, les anciens propriétaires ou leurs ayant-droit peuvent en demander la remise, mais ils doivent le déclarer. La revente est annoncée comme il est dit aux nos 6, 7 et 8 ci-dessus. ( V. *Affiches.* ) Art. 61.

45. Consignation. En cas de prise de possession par urgence des propriétés privées, comme il est dit au nº 43, la consignation de la somme offerte en indemnité a lieu suivant le jugement prononcé par le tribunal ; elle doit comprendre, outre le principal, la somme nécessaire pour assurer pendant deux ans le payement des intérêts à 5 pour 0/0. ( V. *Expropriation.* ) Art. 68 et 69.

46. Procès-verbal de consignation. Sur le vu du procès-verbal de consignation et sur une nouvelle assignation à deux jours de délai au moins, le président ordonne la prise de possession. ( V. *Procès-verbal.* )

47. Prise de possession. En cas d'urgence, après la prise de possession, il est procédé à la fixation définitive de l'indemnité, d'après les dispositions des articles relatifs au réglement des indemnités, titre IV. ( V. *Prise de possession.* ) Art. 73.

48. Expropriation ou occupation temporaire des terrains nécessaires pour les travaux de fortification et pour le service de la marine. Le réglement définitif des indemnités a lieu conformément audit titre IV. ( V. *Expropriation.* )

## ACTION EN RÉSOLUTION. Action réelle.

Art. 18 L. Les actions en résolution, en révendication et toutes autres actions réelles, ne pourront arrêter l'expropriation ni en empêcher l'effet. Le droit des réclamants sera transporté sur le prix, et l'immeuble en demeurera affranchi. (V. *Créanciers.*)

## ADMINISTRATION.

Dans le système d'expropriation pour cause d'utilité publique, on entend, par ce mot, la gestion ou l'exercice des droits et des intérêts du gouvernement, des départements, des communes et des établissements publics, dans cette classe de service. Il embrasse les intérêts de l'administration de la guerre et de la marine, en ce qui touche l'expropriation pour travaux de fortifications.

L'administration supérieure prononce sur le vû du procès-verbal de la commission d'expropriation, appuyé des documents recueillis, et sur l'arrêté motivé du préfet qui détermine les propriétés qui doivent être cédées, et indique l'époque à laquelle il sera nécessaire d'en prendre possession. ( V. *Sursis à la prise de possession.* )

Lorsque la commission propose des changements au tracé des travaux, le préfet surseoit et en réfère à l'administration supérieure. Dans ce cas, celle-ci, ou statue définitivement, ou ordonne qu'il soit procédé de nouveau à tout ou partie des formalités prescrites par la loi. ( V. *Sursis à la prise de possession.*

L'administration supérieure prononce sur l'arrêté pris, par le préfet en conseil de préfecture, sur la demande en expropriation formée par le maire d'une commune dans un intérêt purement communal (V. *Expropriation communale.* )

Si l'administration laisse passer une année sans donner suite à l'expropriation, tout propriétaire intéressé peut présenter requête au tribunal pour la faire poursuivre. Dans ce cas, cette requête est communiquée, par le procureur du roi au préfet, qui doit, dans le plus bref délai, envoyer les pièces à ce magistrat. (V. *Requête au tribunal.* )

L'administration peut payer sans l'accomplissement des formalités le prix des terrains dont la valeur n'excède pas 500 francs, sauf les droits de tiers. ( V. *Conventions amiables.* )

Elle applique la déchéance de tous droits à l'indemnité au propriétaire qui n'a pas fait appeler et n'a pas fait connaître à l'administration, dans la huitaine de la notification de la convention amiable ou du jugement d'expropriation , les fermiers , locataires ou autres parties intéressées. (V. *Droits à l'indemnité.* )

Elle notifie aux propriétaires et à tous autres intéressés les sommes qu'elle offre pour indemnités. (V. *Offres.* )

L'administration est envoyée en possession de la propriété expropriée, par le magistrat directeur du jury, à la charge par elle de se conformer aux dispositions de la loi, qui consistent à faire payer entre les mains de la partie intéressée l'indemnité fixée par le jury. En cas de refus de la partie intéressée , la prise de possession aura lieu , après consignation en espèces. ( V. *Tarif*, *Payement de l'indemnité.* )

AJOURNEMENT. Toutes les fois qu'un propriétaire et tout autre intéressé n'aura pas accepté l'offre de l'administration dans le délai déterminé , celle-ci le fera citer devant le jury spécial. (V. *Acceptation.* )

## Modèle d'ajournement.

L'an mil huit cent quarante          et le          du mois de
à la requête de M.          agissant pour et au nom de
l'administration, nous          assermenté devant le tribunal
civil de          demeurant à          avons cité le sieur
pour comparaître le          devant le jury spécial qui se réunira le même jour à          dans la salle des audiences du
tribunal civil, où il sera procédé au réglement de l'indemnité
lui revenant à raison de          m^e          c. de terrain qu'il doit
céder pour          et pour laquelle l'administration lui a
fait notifier la somme de          qu'il n'a pas acceptée. Lui
déclarant que faute par lui de comparaître au jour et à l'heure
indiqués ci-dessus, il sera condamné aux dépens, conformément aux articles 24 et 40 de la loi du 3 mai 1841 ; et pour
qu'il n'en ignore, j'ai laissé copie de la présente à son domicile,
parlant à

ALIÉNATION. Les aliénations qui résultent de
l'expropriation pour cause d'utilité publique, sont
considérées comme aliénations à titre onéreux.

Art. 13 L. Si des biens de mineurs, d'interdits,
d'absents, ou autres incapables, sont compris dans
les plans déposés en vertu de l'article 5 ( V. *Dépôt* ),
ou dans les modifications admises par l'administration
supérieure, aux termes de l'article 11 ( V. *Sursis à la
prise de possession* ) de la présente loi, les tuteurs et
ceux qui ont été envoyés en possession provisoire, et
tous représentants des incapables, peuvent, après autorisation du tribunal donnée sur simple requête, en
la chambre du conseil, le ministère public entendu,
consentir amiablement l'aliénation desdits biens.

Le tribunal ordonne les mesures de conservation
ou de remploi qu'il juge nécessaires.

Ces dispositions sont applicables aux immeubles
dotaux et aux majorats.

Les préfets pourront, dans le même cas, aliéner les
biens des départements, s'ils y sont autorisés par délibération du conseil général ; les maires ou administrateurs pourront aliéner les biens des communes ou
établissements publics, s'ils y sont autorisés par déli-

bération du conseil municipal ou du conseil d'administration, approuvé par le préfet en conseil de préfecture.

Le ministre des finances peut consentir à l'aliénation des biens de l'Etat, ou de ceux qui font partie de la dotation de la couronne, sur la proposition de l'intendant de la liste civile.

A défaut de conventions amiables, soit avec les propriétaires des terrains ou bâtiments dont la cession est reconnue nécessaire, soit avec ceux qui les représentent, le préfet transmet au procureur du roi dans le ressort duquel les biens sont situés, la loi ou l'ordonnance qui autorise l'exécution des travaux et l'arrêté mentionné en l'article 11. ( V. *Conventions amiables, Sursis à la prise de possession.* )

AFFAIRES ATTRIBUÉES AU JURY. ART. 44 L. Le jury ne connaît que des affaires dont il est saisi au moment de sa convocation, et statue successivement et sans interruption sur chacune de ces affaires. Il ne peut se séparer qu'après avoir réglé toutes les indemnités dont la fixation lui est ainsi déférée. ( V. *Jury, Décision.* )

AFFICHES. Placards apposés dans un lieu public pour faire connaître les actes de l'administration qui ont pour objet la publication légale des réglements, ventes, adjudications des travaux, etc. Ils doivent être sur papier blanc. ( *Loi du 28 juillet* 1791. )

Les affiches apposées dans l'intérêt des particuliers ne peuvent être que sur papier de couleur. ( *Même loi.* )

Les placards de l'administration sont exempts de timbre.

Le déchirement des affiches est puni de la peine de la réclusion, s'il s'agit des actes de l'autorité publique ; et de celle de deux à trois ans de prison, si elles ont été apposées dans l'intérêt des particuliers. ( *Code pénal,* art. 459. V. *Journaux.* )

APPEL. L'appel dont le droit est laissé aux parties

intéressées, contre le jugement d'expropriation pour cause d'utilité publique, ne peut être formé que par la voie du recours en cassation. ( V. *ces mots.* )

ARRÊTÉ. (V. *Préfet.*)

AVERTISSEMENT. Art. 6. L'avertissement du dépôt du plan à la mairie de la commune où les propriétés à exproprier sont situées, date du jour où il est donné. Ce jour doit être le même que celui de son insertion dans les journaux, des publications et des affiches.

### *Modèle d'Avertissement.*

Le Maire de la commune d            en exécution de l'article 6 de la loi du 3 mai 1841, sur l'expropriation pour cause d'utilité publique,

Prévient les habitants de cette commune et les autres propriétaires intéressés, que le plan parcellaire des terrains ou édifices dont la cession est nécessaire pour            restera déposé, pendant huit jours, à la mairie de la commune, afin que chacun puisse en prendre connaissance; et que ce délai court à dater du présent avertissement.

Il invite spécialement les personnes inscrites dans le tableau suivant, à venir prendre communication dudit plan, et si elles ont des déclarations ou réclamations à faire contre ce plan, à venir les signer sur le registre ouvert, ou bien à les faire verbalement pour y être mentionnées, ou bien à les adresser par écrit pour y être annexées.

*État nominatif des propriétaires inscrits sur le plan.*

( V. *Ingénieurs*, et composer le tableau d'après les indications données sur la matrice des rôles. )

Fait à            le            184

BASSINS. ( V. *Travaux.* )

BATIMENT. Construction élevée par l'homme pour son habitation ou son service, soit au-dessus, soit au-dessous du sol.

Tout propriétaire de bâtiment qui se trouve sur la ligne des travaux à exécuter pour cause d'utilité publique, peut être exproprié.

Atr. 52 L. Les constructions, plantations et améliorations ne donneront lieu à aucune indemnité, lorsque, à raison de l'époque où elles auront été faites ou de toutes autres circonstances dont l'appréciation lui est abandonnée, le jury acquiert la conviction qu'elles ont été faites dans la vue d'obtenir une indemnité plus élevée. (V. *Constructions, Acquisitions.*)

BIENS DE L'ÉTAT. L'État est propriétaire des chemins, routes et rues, qui sont à sa charge; des fleuves et des rivières, navigables et flottables; des rivages, lais et relais de la mer; des ports, hâvres et rades; des murs, fossés, remparts, places de guerre et forteresses; de tous les biens vacants et sans maître, et généralement de tout ce qui n'est pas susceptible d'une propriété privée. (*Code civil*, Art. 538, 540 et 541.

Les biens de l'État ne peuvent être aliénés qu'en vertu d'une loi. Ceux qui sont consacrés à des usages publics, tant qu'ils conservent leur destination, sont censés hors du commerce et ne peuvent être l'objet d'aucune transaction ni possession particulière.

Aujourd'hui, en vertu de l'article 13 de la loi du 3 mai 1841, ils peuvent être aliénés pour cause d'utilité publique. (V. *Aliénation.*)

Les biens des départements, des communes et des établissements publics sont sous l'empire de la même loi. (V. *Aliénation.*)

CANALISATION. — CANAUX. Les grandes ressources du commerce et de l'industrie se trouvent, en général, dans les travaux de canalisation. L'agriculture profite de ceux qui ont pour objet de creuser des fossés ou canaux d'irrigation.

Les canaux qui ont pour objet de faciliter les grandes opérations de commerce par le moyen de la navigation , ceux de dérivation et de dessèchement , dans les contrées qui en sont susceptibles, sont des travaux d'utilité publique.

Les canaux d'irrigation ont pour objet de fertiliser les terres; ils peuvent être entrepris par des compagnies avec l'autorisation du préfet. (*Arrêtés* des 3 nivôse an 5 et 19 ventôse an 6. )

**CAUTION.** ( V.. *Usufruitier.* )

**CENS** ÉLECTORAL. (V. *Contributions.* )

**CESSION.** La cession des biens est volontaire ou judiciaire. Elle est volontaire, lorsqu'elle résulte d'une convention amiable ; elle est judiciaire, lorsqu'elle résulte de l'expropriation pour cause d'utilité publique, mais dans ce dernier cas la forme et le mode d'expropriation sont régis par la loi du 3 mai 1841. (V. *Conventions amiables*, *Jugement*, *Aliénation.*)

Il y a lieu à cession de terrains ou bâtiments, toutes les fois que ces sortes d'immeubles sont compris sur le plan parcellaire que les ingénieurs ou autres gens de l'art sont chargés de lever pour l'exécution des travaux d'utilité publique.

**CHAMBRES** DE COMMERCE ET **CHAMBRES** CONSULTATIVES. ART. 8 O. Les chambres de commerce, et au besoin les chambres consultatives des arts et manufactures des villes intéressées à l'exécution des travaux, seront appelées à délibérer et à exprimer leur opinion sur l'utilité et la convenance de l'opération.

Les procès-verbaux de leurs délibérations devront être remis au préfet avant l'expiration du délai fixé dans l'article 5. (V. *Enquête.*)

**CHANGEMENT** DU TRACÉ DES TRAVAUX. ART. 10 L. Si la commission (celle d'expropriation ou d'enquête) propose quelques changements au tracé indiqué par les ingénieurs, le sous-préfet devra, dans la forme indiquée par l'article 6, en donner immédiatement avis aux propriétaires que ces changements pourront intéresser (V. *Publication*). Pendant huitaine, à dater de cet avertissement, le procès-verbal et les pièces resteront déposés à la sous-préfecture ; les parties intéressées pourront en prendre communication sans déplacement et sans frais, et fournir leurs observations écrites.

Dans les trois jours suivants, le sous-préfet transmettra toutes les pièces à la préfecture.

Toutefois, dans le cas où il résulterait de l'avis de la commission qu'il y aurait lieu de modifier les travaux ordonnés, le préfet surseoira jusqu'à ce qu'il ait été prononcé par l'administration supérieure. (V. *Sursis à la prise de possession, Préfet*.)

CHEMINS. Espaces de terrain servant de communication d'une habitation à une propriété, chemin rural ;

De commune à commune, chemin vicinal ;

Chemins de grande communication, d'arrondissement à arrondissement ;

Les routes départementales sont aussi des chemins de département à département ;

Les routes royales sont aussi des chemins, mais d'un rang supérieur à ceux qui précèdent.

L'ouverture des chemins vicinaux, dans lesquels on peut comprendre ceux de grande communication, leur redressement ou leur rectification, peuvent faire l'objet d'une demande en expropriation pour cause d'utilité publique, formée par le maire, mais les travaux ne peuvent être exécutés, que sur l'avis des conseils généraux et municipaux approuvé par l'autorité supérieure. ( V. *Expropriation communale*. )

CHEMINS DE FER. L'établissement des chemins de fer et les travaux auxquels ils donnent lieu sont considérés comme objets d'utilité publique.

CHEMINS vicinaux. Les travaux nécessaires pour ces chemins sont considérés comme d'un intérêt purement communal. (V. *Expropriation dans un intérêt purement communal.*)

CITATION. Assignation notifiée à la partie intéressée, à comparaître soit devant l'administration, soit devant un tribunal, soit devant le jury spécial d'expropriation.

C'est un acte de procédure ayant pour objet d'assigner une personne au nom d'une autre, en justice de paix.

CLOTURE. Art. 7 O. La clôture des opérations de la commission d'enquête ou du procès-verbal, aura lieu un mois après le délai d'ouverture des registres de l'enquête. Ce procès-verbal sera immédiatement transmis par le président au préfet, ainsi que toutes les pièces et registres. (V. *Préfet, Procès-verbal.*)

La clôture, celle du procès-verbal ouvert par le maire pendant le dépôt du plan à la mairie, est fixée à l'expiration du délai de huitaine. (V. *Dépôt.*)

Celle du procès-verbal de la commission d'expropriation, dix jours après cette huitaine. (V. *Commission d'expropriation, Procès-verbal.*)

CLOTURE. Art. 38 L. La clôture de l'instruction est prononcée par le magistrat directeur du jury.

Les jurés se retirent immédiatement dans leur chambre pour délibérer sans désemparer, sous la présidence de l'un d'eux qu'ils désignent à l'instant même.

La décision du jury fixe le montant de l'indemnité ; elle est prise à la majorité des voix.

En cas de partage, la voix du président du jury est prépondérante. (V. *Jury.*)

COMMIS-GREFFIER. A défaut du greffier, le commis-greffier du tribunal appelle successivement les causes sur lesquelles le jury doit statuer, et tient procès-verbal des opérations. ( V. *Procès-verbal.* )

COMMISSION D'ENQUÊTE. ART. 4 O. Il sera formé dans chacun des départements que la ligne des travaux devra traverser, une commission de neuf membres au moins et de treize au plus, pris parmi les principaux propriétaires de terres, de bois, de mines, et les négociants, les armateurs et les chefs d'établissements industriels.

Les membres et le président de cette commission seront désignés par le préfet, dès l'ouverture de l'enquête. ( **V.** *Enquête.*)

A l'expiration du délai qui sera fixé en vertu de l'article précédent, la commission mentionnée à l'article 4, se réunira sur-le-champ : elle examinera les déclarations consignées aux registres de l'enquête, elle entendra les ingénieurs des ponts et chaussées et des mines employés dans le département, et après avoir recueilli, auprès de toutes les personnes qu'elle jugerait utile de consulter, les renseignements dont elle croira avoir besoin, elle donnera son avis motivé, tant sur l'utilité de l'entreprise, que sur les diverses questions qui auront été posées par l'administration. ( V. *Ouverture des registres.* )

Ces diverses opérations dont elle dressera procès-verbal, devront être terminées dans un nouveau délai d'un mois. ( V. *Enquête.* )

COMMISSION D'EXPROPRIATION. ART. 8 L. A l'expiration du délai de huitaine prescrit par l'article 5, une commission se réunit au chef-lieu de la sous-préfecture. ( V. *Dépôt.* )

Cette commission, présidée par le sous-préfet de l'arrondissement, sera composée de quatre membres du conseil général du département, ou du conseil d'arrondissement désignés par le préfet, du maire de la commune où les propriétés sont situées, et de l'un des ingénieurs chargés de l'exécution des travaux.

La commission ne peut délibérer valablement qu'autant que cinq de ses membres au moins sont présents.

Dans le cas où le nombre des membres présents serait de six, et où il y aurait partage d'opinions, la voix du président sera prépondérante.

Les propriétaires qu'il s'agit d'exproprier ne peuvent être appelés à faire partie de la commission.

ART. 9 L. La commission reçoit pendant huit jours les observations des propriétaires. ( V. *Clôture.* )

Elle les appelle toutes les fois qu'elle le juge convenable. Elle donne son avis.

Ses opérations doivent être terminées dans le délai de dix jours ; après quoi le procès-verbal est adressé immédiatement par le sous-préfet au préfet.

Dans le cas où lesdites opérations n'auraient pas été mises à fin dans le délai ci-dessus, le sous-préfet devra, dans les trois jours, transmettre au préfet son procès-verbal et les documents recueillis.

COMMUNES. La loi du 14 septembre 1791 définit ce mot de la manière suivante :

«Les citoyens français considérés sous le rapport « des relations locales qui naissent de leur réunion « dans les villes et dans certains arrondissements du « territoire des campagnes, forment les communes.»

ART. 12 L. Les dispositions des articles 8, 9 et 10 ne sont point applicables au cas où l'expropriation serait demandée par une commune, et dans un intérêt purement communal, non plus qu'aux travaux d'ouverture ou de redressement des chemins vicinaux.

Dans ce cas, le procès-verbal prescrit par l'article 7 est transmis, avec l'avis du conseil municipal, par le maire au sous-préfet, qui l'adressera au préfet avec ses observations. ( V. *Procès-verbal.*)

. Le préfet, en conseil de préfecture, sur le vu de ce procès-verbal, et sauf l'approbation de l'administration supérieure, prononcera comme il est dit à l'article précédent. ( V. *Sursis à l'expropriation.*)

CONCESSIONNAIRES, ou COMPAGNIES PARTICU-
LIÈRES. Les travaux faits par des compagnies particulières légalement autorisées, sont des travaux d'utilité
publique. Quand elles sont déclarées concessionnaires
de ces travaux, elles exercent tous les droits confé-
és à l'administration.

ART. 63 L. Les concessionnaires des travaux publics
exerceront tous les droits conférés à l'administration,
et seront soumis à toutes les obligations qui lui sont
imposées par la présente loi.

CONSEIL D'ADMINISTRATION, dans un établissement
public. ( V. *Aliénation.* )

CONSEIL D'ARRONDISSEMENT. Assemblée de notables élus dans les diverses communes d'un arrondissement pour représenter les intérêts locaux d'un arrondissement.

Les membres de la commission d'expropriation peuvent être pris parmi ceux du conseil d'arrondissement.
Ils sont choisis par le préfet. ( V. *Commission d'expropriation.* )

CONSEIL GÉNÉRAL. Réunion de notables d'un département pour représenter les intérêts généraux du
département.

La commission d'expropriation dans l'arrondissement est composée des membres du conseil général
choisis par le préfet. ( V. *Commission d'expropriation.* )

Le conseil général, lorsqu'il s'agit d'aliéner les biens
du département, autorise le préfet, par délibération.
La loi du 3 mai 1841 ne dit pas que cette délibération sera soumise à l'approbation du gouvernement.

ART. 29 L. Dans sa session annuelle, le conseil général du département désigne, pour chaque arrondissement de sous-préfecture, tant sur la liste des électeurs que sur la seconde partie de la liste du jury,
trente-six personnes au moins et soixante-douze au
plus, qui ont leur domicile réel dans l'arrondisse-

ment, parmi lesquelles sont choisis, jusqu'à la session suivante ordinaire du conseil général, les membres du jury spécial appelé, le cas échéant, à régler les indemnités dues par suite d'expropriation pour cause d'utilité publique.

Le nombre des jurés désignés pour le département de la Seine sera de six cents.

ART. 47 L. Les noms des jurés qui ont fait le service d'une session ne pourront être portés sur le tableau dressé par le conseil général pour l'année suivante.

CONSEIL MUNICIPAL. Le conseil municipal d'une commune, sur la proposition d'un de ses membres ou du maire, délibère sur l'aliénation des biens de la commune pour cause d'utilité publique. ( V. *Communes.* )

CONSEIL DE PRÉFECTURE. Tribunal administratif, qui se réunit sous la présidence du préfet pour prononcer sur les demandes d'expropriation dans un intérêt purement communal, formées par les conseils municipaux ou les maires. ( V. *Communes.* )

CONSENTEMENT. Acceptation d'une offre. Le consentement, pour être valable, doit être libre ; l'erreur, la violence, le dol et la lésion peuvent le vicier. ( V. *Conventions amiables.* )

Donner son consentement à une offre, c'est adhérer aux conditions qui y sont attachées. ( V. *Acceptation.* )

CONSIGNATIONS. Acte de dépôt. Dépôt d'une somme à la caisse de dépôts et consignations à Paris, à la caisse du receveur général des finances et aux recettes particulières d'arrondissement dans les départements.

Les consignations ont lieu dans plusieurs cas. Ces cas se présentent à mesure de l'exécution de la loi. Il est donc indispensable de les faire connaître ; mais

pour y arriver, il faut suivre progressivement les opérations qui se succèdent. Il est dit aux mots *publications, Commission d'expropriation, Arrêté,* tout ce qui
a rapport aux formalités ou mesures d'administration
relatives à l'expropriation. ( Titre II *de la loi du 3
mai* 1841, art. 4, 5, 6, 7, 8, 9, 10, 11 et 12.)

Il est toujours de l'intérêt de l'administration et des
parties intéressées de prendre des arrangements amiables, lorsqu'il s'agit de travaux d'utilité publique.

Lorsque le préfet a reçu du sous-préfet le procès-
verbal de la commission d'expropriation, s'il n'y a pas
de changement à opérer dans le tracé, il détermine
par un arrêté les propriétés qui doivent être cédées.
L'époque qu'il indique pour la prise de possession de
ces terrains, doit être assez éloignée pour avoir le
temps de traiter à l'amiable avec les parties intéressées,
et, dans le cas contraire, c'est-à-dire à défaut de conventions amiables, pouvoir terminer les mesures administratives relatives à l'expropriation. A cet effet, il
adresse au conservateur un extrait de l'avis publié par
le maire, sur lequel sont inscrits les noms des propriétaires. Il réserve sur cet extrait une colonne destinée
à recevoir du conservateur, sur chaque article, les renseignements suivants : *Il existe* ou *il n'existe pas d'inscriptions.* (V. *Sursis à la prise de possession, Avis.*)

Le conservateur renvoit au préfet ce même extrait
contenant les renseignements dont il vient d'être parlé, lequel restera à titre de document à la préfecture.
Le préfet adresse en même temps à l'ingénieur le plan
parcellaire des travaux, qui doit contenir un tableau
semblable à celui indiqué à l'avis du maire, avec ordre de procéder à l'évaluation des terrains qui y sont
désignés, et proposer amiablement aux propriétaires
de consentir à cette évaluation ou à faire connaître
leur prétentions.

Si, parmi les propriétaires acceptants, il s'en trouve
dont les propriétés soient grevées d'inscriptions, ce
qu'on peut vérifier au moyen de l'état émargé du conservateur des hypothèques dont il a été parlé plus

haut, le préfet, dès la réception du rapport de l'ingénieur accompagné des déclarations des propriétaires portant adhésion, refus ou indication de leurs prétentions, après avoir consulté les agents de la direction des contributions directes, passe les actes de vente amiable ou poursuit l'expropriation de ceux qui ont refusé ou manifesté des prétentions exagérées.

Il y a lieu de consigner l'indemnité réglée soit amiablement, soit par le jury,

1° Lorsqu'il y a contestation de la part des tiers dans le délai prescrit.

ART. 59 L. Lorsqu'un propriétaire aura accepté les offres de l'administration, le montant de l'indemnité devra, s'il l'exige et s'il n'y a pas eu de contestation de la part des tiers, dans les délais prescrits par les articles 24 et 27, être versée à la caisse des dépôts et consignations, pour être remis ou distribué à qui de droit, selon les règles du droit commun. (V. *Acceptation, Délai pour l'acceptation.*)

2° Par dispositions exceptionnelles et lorsqu'il y a urgence de prendre possession des terrains.

ART. 67 L. Au jour fixé, le propriétaire et les détenteurs seront tenus de déclarer la somme dont ils demandent la consignation avant l'envoi en possession. (V. *Notification du jugement, Tribunal.*)

Faute par eux de comparaître il sera procédé en leur absence.

3° Toutes les fois qu'il y a obstacle au payement. (V. *Obstacle au payement.*)

4° Lorsque, dans le cas de prise de possession du terrain par urgence, le tribunal a fixé l'indemnité à consigner (V. *Tribunal*); lorsqu'après la prise de possession, le jury a été appelé à fixer définitivement l'indemnité et que la fixation de cette indemnité est supérieure à celle du tribunal, le supplément doit être consigné. (V. *Supplément à consigner.*)

ART. 69 L. La consignation, ( dans le cas exceptionnel de prise de possession du terrain par urgence), doit comprendre, outre le principal, la somme nécessaire pour assurer pendant deux ans le payement des intérêts à cinq pour cent. ( V. *Prise de possession.* )

CONSTRUCTION. (V. *Bâtiments, Acquisitions.*)

CONTESTATION sur le droit à une indemnité. ( V. *Indemnité.* )

CONTRIBUTIONS. Art. 64 L. Les contributions de la portion d'immeubles qu'un propriétaire aura cédée, ou dont il aura été exproprié pour cause d'utilité publique, continueront à lui être comptées pendant un an à partir de la remise de la propriété, pour former son cens électoral.

CONVENTIONS amiables. Quatre conditions sont essentielles pour la validité d'une convention : le consentement de la partie qui s'oblige ; sa capacité de contracter ; un objet certain qui forme la matière de l'engagement ; une cause licite dans l'obligation. ( *Code civil,* art. 1108.)

Art. 19 L. Les règles posées dans le 1er § de l'article 15 (V. *Jugement d'expropriation*) et dans les articles 16 (V. *Transcription*), 17 (V. *Inscription de privilèges*), et 18 ( V. *Action en résolution*) sont applicables dans le cas de conventions amiables passées entre l'administration et les propriétaires. (V. *Actes administratifs.*)

Cependant l'administration peut, sauf les droits des tiers, et sans accomplir les formalités ci-dessus tracées, payer le prix des acquisitions dont la valeur ne s'élèverait pas au-dessus de 500 fr.

Le défaut d'accomplissement des formalités de la purge des hypothèques, n'empêche pas l'expropriation d'avoir son cours, sauf, pour les parties intéressées, à faire valoir leurs droits ultérieurement, dans les formes déterminées par le titre IV de la présente loi. (V. *Expropriation, Droits à l'indemnité,* art. 21 ; *Usufruitier et ses créanciers,* art. 22 ; *Acceptation,* art. 24 ;

*Femmes mariées,* art. 25; *Ministre des finances;* art. 26; *Délai pour l'acceptation,* art. 27; *Réglement des indemnités,* art. 28. )

Les tuteurs, ceux qui sont envoyés en possession provisoire et tous représentants des incapables peuvent souscrire avec l'administration les conventions amiables qui ont pour objet la cession des terrains ou bâtiments nécessaires aux travaux d'utilité publique; mais ils doivent y être autorisés par le tribunal. ( V. *Aliénation.* )

Une convention amiable considérée comme acte de vente, est publiée et affichée dans la commune de la situation des biens. ( V. *Jugement, Publication, Vente.* )

### Modèle de Convention amiable.

L'an mil huit cent                et le                du mois d           en vertu de la loi du 3 mai 1841.

Par devant nous            représentant          agissant s'est présenté          le sieur          demeurant à arrondissement d          département d          lequel, après avoir pris connaissance du plan parcellaire des propriétés reconnues nécessaires pour          à          a déclaré vendre, céder et transporter, dès aujourd'hui, à          la partie de terrain dont il est propriétaire au quartier de          de la contenance de      m.      c. destiné à être occupé par qui fait l'objet du plan précité, moyennant la somme d          que l'administration s'engage à lui faire payer, par mandat délivré sur la caisse du payeur, dans le délai de          et sans intérêts jusqu'alors, à la charge par le vendeur de produire avant l'expiration de ce délai un certificat du conservateur des hypothèques de l'arrondissement d          constatant que l'immeuble vendu n'est grevé d'aucune inscription.

En cas d'obstacle au payement dans le délai ci-dessus fixé, l'administration s'oblige à faire verser à la même époque, dans la caisse des dépôts et consignations, pour être ultérieurement distribuée suivant les règles du droit commun, le montant de l'indemnité ci-dessus amiablement fixée.

L'administration se conformera aux conditions qui la concernent et s'oblige à les faire exécuter en tous points. Après la transcription au bureau des hypothèques, le présent acte sera publié à son de trompe ou de caisse, dans la commune d affiché par extrait à la principale porte de l'église et à celle de la maison commune, et inséré dans un des journaux publiés dans le département. Dans le cas d'inscription de priviléges et hypothèques judiciaires, légales ou conventionnelles prises dans la quinzaine de la transcription, la somme due sera consignée comme il est dit ci-dessus.

Fait à les jours, mois et ans susdits.

COUR de cassation ( V. *Pourvoi.* )

COUR royale. Tribunal du premier ordre, connaissant souverainement, en matière civile, des appels de jugements.

Art. 30 L. Toutes les fois qu'il y a lieu de recourir à un jury spécial, la première chambre de la cour royale, dans les départements qui ont le siége d'une cour royale, et dans les autres départements, la première chambre du tribunal du chef-lieu judiciaire, choisit en la chambre du conseil, sur la liste dressée en vertu de l'article précédent ( V. *Conseil général*), pour l'arrondissement dans lequel ont lieu les expropriations, seize personnes qui formeront le jury spécial chargé de fixer définitivement le montant de l'indemnité, et en outre quatre jurés supplémentaires; pendant les vacances, ce choix est déféré à la chambre de la cour ou du tribunal chargée du service des vacations.

En cas d'absence ou de récusation des membres du tribunal, le choix du jury est déféré à la cour royale.

Ne peuvent être choisis,

1° Les propriétaires, fermiers, locataires des terrains et bâtiments désignés en l'arrêté du préfet pris en vertu de l'article 11, et qui restent à acquérir. ( V. *Sursis à la prise de possession.* )

2° Les créanciers ayant inscription sur lesdits immeubles.

3° Tous autres intéressés, désignés ou intervenant en vertu des articles 21 et 22. ( V. *Droits à l'indemnité, Usufruitiers.*)

Les septuagénaires seront dispensés, s'ils le requièrent, des fonctions de jurés. ( V. *Liste des jurés.* )

CRÉANCIER. Tout créancier qui n'aurait pas fait
inscrire ses titres dans le délai de quinze jours après
la publication du jugement d'expropriation ou de l'acte
amiable, l'immeuble exproprié sera affranchi de toutes charges quelconques. ( V. *Inscription des privilèges.* )

ART. 22 L. Les dispositions de la présente loi relatives aux propriétaires et à leurs créanciers, sont applicables à l'usufruitier et à ses créanciers.

DÉCISION. La décision du jury spécial fixe le montant de l'indemnité ; elle est prise à la majorité des
voix. ( V. *Clôture des opérations.* )

Elle est déclarée exécutoire par le magistrat directeur. ( V. *Taxe des dépens.* )

Elle ne peut être attaquée par la voie du récours
en cassation, que pour la violation de quelques articles
de la loi. ( V. *Pourvoi, Violation.* )

ART. 41 L. La décision du jury, signée des membres qui y ont concouru, est remise par le président
au magistrat directeur, qui la déclare exécutoire,
statue sur les dépens, et envoie l'administration en
possession de la propriété, à la charge par elle de se
conformer aux dispositions des articles 53, 54 et suivants.

Ce magistrat taxe les dépens, dont le tarif est déterminé par un réglement d'administration publique.

La taxe ne comprendra que les actes faits postérieurement à l'offre de l'administration ; les frais des
actes antérieurs demeurent, dans tous les cas, à la
charge de l'administration.

ART. 43. Lorsqu'une décision du jury aura été cas-
sée, l'affaire sera renvoyée devant un nouveau jury
choisi dans le même arrondissement.

Néanmoins la cour de cassation pourra, suivant les
circonstances, renvoyer l'appréciation de l'indemnité

à un jury choisi dans un des arrondissements voisins, quand même il appartiendrait à un autre département.

Il sera procédé à cet effet, conformément à l'article 3o. ( V. *Jury spécial.* )

DÉCLARATION. Toute partie intéressée peut faire sur l'objet du plan des travaux, les déclarations ou réclamations qu'elle croit convenables à ses intérêts. ( V. *Procès-verbal.* )

La déclaration d'élection de domicile doit être faite à la mairie. ( V. *Jugement d'expropriation*, *Élection de domicile.* )

La déclaration d'acceptation de l'offre notifiée par l'administration doit être faite dans la quinzaine de cette notification. ( V. *Offres*, art. 23 L. )

La déclaration de pourvoi en cassation, mais seulement pour incompétence, excès de pouvoir ou vice de forme du jugement d'expropriation, doit être faite dans les trois jours de la notification de ce jugement, au greffe du tribunal qui l'a prononcé. ( V. *Recours en cassation.* )

DÉCHÉANCE. Il y a déchéance de pourvoi, si la déclaration faite au greffe n'est pas notifiée dans la huitaine, soit à la partie, soit au préfet, soit au maire. ( V. *Recours.* )

Il y a également déchéance des droits à l'indemnité, si la partie intéressée néglige de les faire valoir dans le délai de huitaine fixé pour le dépôt du plan parcellaire, fait à la mairie. ( V. *Indemnité.* )

DÉLAIS. Temps accordé par la loi pour l'accomplissement des actes qu'elle prescrit.

Le temps pendant lequel le plan du tracé des travaux reste déposé à la mairie d'une commune, est de huit jours.

Ce délai ne court qu'à partir de l'avertissement qui est publié, affiché et inséré dans un journal, le même jour. ( V. *Plan.* )

Le délai pendant lequel la commission doit se réunir commence à l'expiration des huit jours fixés pour le dépôt du plan, et finit dix jours après. (V. *Clôture des opérations.*)

Si cette commission propose des changements au tracé dont le dépôt a déjà eu lieu, son procès-verbal et toutes les pièces resteront déposées pendant un nouveau délai de huit jours à la sous-préfecture. (V. *Changement au tracé.*)

S'il n'y a pas proposition de changement, les pièces sont transmises par le sous-préfet au préfet dans les trois jours de la clôture des opérations de la commission. (V. *Clôture.*)

Le délai pour l'acceptation des offres de l'administration, est d'un mois pour les femmes mariées sous le régime dotal assistées de leur maris, pour les tuteurs, pour ceux qui sont envoyés en possession provisoire des biens d'un absent et autres personnes représentant les incapables, et qui sont dûment autorisées par le tribunal; il est également d'un mois pour le ministre des finances, les préfets, les maires ou administrateurs d'établissements publics. Il est de quinze jours pour les propriétaires et autres parties intéressées. (V. *Acceptation.*)

Les parties intéressées sont averties de la réunion du jury, huit jours à l'avance. (V. *Liste des jurés.*)

Le délai de recours en cassation de la décision du jury est de quinze jours à partir de la notification de cette décision. (V. *Violation.*)

Le délai pour la fixation de l'indemnité est de six mois à partir du jugement d'expropriation. (V. *Indemnité.*)

Le délai pour la restitution des droits perçus sur les acquisitions amiables faites antérieurement aux arrêtés du préfet, est de deux ans (V. *Timbre, Enregistrement.*)

Le délai de cinq jours que la loi accorde au tribunal, en cas de prise de possession de terrains par urgence, doit lui suffire pour se transporter sur les lieux ou commettre un juge pour visiter ces terrains, recueillir les renseignements propres à en déterminer la valeur et dresser procès-verbal. ( V. *Tribunal.* )

Le délai pendant lequel les priviléges et hypothèques conventionnelles, judiciaires ou légales doivent être inscrits, est de quinze jours à partir du jour de la publication du jugement ou de l'acte amiable. ( V. *Inscription.* )

Le délai du pourvoi en cassassion contre le jugement d'expropriation est de trois jours, à partir de la notification de cet acte. ( V. *Recours.* )

Celui de l'envoi des pièces du pourvoi à la chambre civile de la cour de cassation, est de quinze jours à partir de la notification de la déclaration de pourvoi faite au greffe. ( V. *Recours.* )

La chambre statuera dans le mois suivant. ( V. *Recours.* )

Le délai accordé aux propriétaires pour faire connaître à l'administration, les fermiers, locataires, ceux qui ont des droits d'usufruit, d'habitation ou d'usage sur les terrains expropriés, est de huit jours.

DÉPENS. Art. 40 L. Si l'indemnité réglée par le jury ne dépasse pas l'offre de l'administration, les parties qui l'auront refusée seront condamnées aux dépens.

Si l'indemnité est égale à la demande des parties, l'administration sera condamnée aux dépens.

Si l'indemnité est à la fois supérieure à l'offre de l'administration et inférieure à la demande des parties, les dépens seront compensés de manière à être supportés par les parties et l'administration, dans les proportions de leur offre ou de leur demande avec la décision du jury.

Tout indemnitaire qui ne se trouvera pas dans le cas des articles 25 et 26 sera condamné aux dépens, quelle que soit l'estimation ultérieure du jury, s'il a omis de se conformer aux dispositions de l'article 24. ( V. *Acceptation, Décision.* )

DÉPOT du procès-verbal de la commission à la sous-préfecture. (V. *Sursis à la prise de possession.* )

DÉPOT du plan du tracé. (V. *Plan*, art. 5 L.)

DÉPOT des pièces des opérations du jury au greffe du tribunal. (V. *Jury.* )

DÉPOT ET CONSIGNATION. (V. *Consignation.* )

DIFFICULTÉS. (V. *Litige pour le fond.* )

DOCKS. (V. *Canalisation.* )

DOTATION DE LA COURONNE. (V. *Aliénation des biens de l'État.* )

DROITS DES TIERS. (V. *Ordonnances.* )

DROITS D'ENREGISTREMENT. (V. *Timbre.* )

DROITS A L'INDEMNITÉ. Art. 21 L. Dans la huitaine qui suit la notification prescrite par l'article 15, le propriétaire est tenu d'appeler et de faire connaître à l'administration les fermiers, locataires, ceux qui ont des droits d'usufruit, d'habitation ou d'usage, tels qu'ils sont réglés par le code civil, et ceux qui peuvent réclamer des servitudes résultant des titres même du propriétaire ou d'autres actes dans lesquels il serait intervenu, si non il restera seul chargé envers eux des indemnités que ces derniers pourront réclamer.

Les autres intéressés seront en demeure de faire valoir leurs droits par l'avertissement énoncé à l'article 6, et tenus de se faire connaître à l'administration dans le même délai de huitaine, à défaut de quoi ils seront déchus de tous droits à l'indemnité.

DROITS DE TIMBRE. (V. *Timbre.* )

**DROITS** DE TRANSCRIPTION des actes aux hypothèques. (V. *Timbre.* )

**ÉDIFICES.** Les bâtiments et édifices qui se trouvent sur la ligne des travaux sont compris dans le plan
parcellaire. (V. *Plan, Bâtiment.* )

**ÉLECTION** DE DOMICILE. Formalité qu'il importe
de remplir ; elle est prescrite par les articles 2148 du
code civil, 548, 673 et 783 du code de procédure ;
elle est également prescrite par l'article 15 de la loi
du 3 mai 1841.

Le domicile d'élection est spécial pour la négocia-
tion dans laquelle il a été choisi ; étant l'effet du contrat, il passe aux héritiers.

Le domicile ordinaire est général ; il s'éteint avec
la personne.

L'extrait du jugement d'expropriation ou d'une convention amiable devant être notifié au domicile élu
de la partie intéressée, celle-ci doit, par une déclaration faite à la mairie de la commune où les biens
sont situés, indiquer le domicile qu'elle a élu. (V.
*Jugement.* )

*Modèle de déclaration d'élection de domicile.*

Ce jourd'hui          du mois d          mil huit cent
quarante

Pardevant nous maire de la commune d          s'est
présenté le sieur

Lequel, pour se conformer aux dispositions de l'article 15 de
la loi du 3 mai 1841, sur l'expropriation pour cause d'utilité
publique, nous a déclaré faire élection de domicile en cette
commune d          dans la maison d'habitation du
sieur          demeurant rue d          n°

De laquelle déclaration il nous a requis acte que nous lui
avons concédé et que nous avons consignée sous le n°
sur le registre ouvert à cet effet.

A          les jour, mois et an susdits.

**A**          *Le Déclarant,*          *Le Maire,*

ENQUÊTE. L'enquête en matière d'expropriation pour cause d'utilité publique, est une formalité qui a pour but de mettre l'administration à même de juger de l'utilité des travaux et des avantages que la plus grande part de la société doit en retirer ; elle n'a pas le caractère de celles qui sont quelquefois exigées par des procédures civiles, et encore moins celui d'information.

L'enquête doit précéder la loi ou l'ordonnance qui autorise l'exécution des travaux.

Ces enquêtes auront lieu dans les formes déterminées par un réglement d'administration publique. (V. *Travaux d'utilité publique, Plan.*)

L'ordonnance du 18 février 1834 qui n'est pas abrogée, a réglé la formalité des enquêtes relatives aux travaux publics qui ne peuvent être exécutés qu'en vertu d'une loi, et ceux qui peuvent l'être en vertu d'une ordonnance.

ART. 1ᵉʳ O. Les entreprises des travaux publics, qui, aux termes du 1ᵉʳ § de l'article 3 de la loi du 7 juillet 1833 (1), ne peuvent être exécutés qu'en vertu d'une loi, seront soumises à une enquête préalable dans les formes ci-après déterminées.

ART. 2 O. L'enquête pourra s'ouvrir sur un avant-projet où l'on fera connaître le tracé général de la ligne des travaux, les dispositions principales des ouvrages les plus importants et l'appréciation sommaire des dépenses.

S'il s'agit d'un canal, d'un chemin de fer, d'une canalisation de rivière, l'avant-projet sera nécessairement accompagné d'un nivellement en longueur, et d'un certain nombre de profils transversaux, et si le canal est à point de partage, on indiquera les eaux qui doivent l'alimenter.

ART. 3 O. À l'avant-projet sera joint, dans tous les cas, un mémoire descriptif indiquant le but de l'en-

_____

(1) Cette loi est abrogée par celle du 3 mai 1841 ; l'administration est obligée de se conformer à cette ordonnance, en attendant que le même réglement prescrit par la dernière loi soit à sa disposition.

treprise et les avantages qu'on peut s'en promettre ;
on y annexera le tarif des droits, dont le produit serait destiné à couvrir les frais des travaux projetés, si
ces travaux devaient devenir la matière d'une concession. (V. *Commission d'enquête.*)

On trouve au mot *plan*, le détail des mesures à pren-
dres pour faire les tracés et nivellement avant de commencer l'enquête.

Art. 5o. Des registres destinés à recevoir les observations auxquelles pourra donner lieu l'entreprise projetée, seront ouverts, pendant un mois au moins et
quatre mois au plus, au chef-lieu de chacun des départements et des arrondissements que la ligne des
travaux devra traverser.

Les pièces qui, aux termes des articles 2 et 3, doivent servir de texte à l'enquête, resteront déposées
pendant le même temps et aux mêmes lieux.

La durée de l'ouverture des registres sera déterminée, dans chaque cas particulier, par l'administration
supérieure.

Cette durée, ainsi que l'objet de l'enquête, seront
annoncés par des affiches. (V. *Commission d'enquête.*)

Art. 9. Les formalités prescrites par les articles 2,
3, 4, 5, 6, 7 et 8, seront également appliquées, sauf
les modifications ci-après, aux travaux qui, aux termes
du second paragraphe de l'article 3 de la loi, peuvent
être autorisés par une ordonnance royale.

Art. 10. Si la ligne des travaux n'excède pas les limites de l'arrondissement dans lequel ils sont situés, le
délai de l'ouverture des registres et du dépôt des pièces, est au plus d'un mois et demi et au moins de
vingt jours. (V. *Commission d'enquête.*)

ÉTABLISSEMENTS publics. (V. *Aliénation.*)

EXCLUSION. C'est le fait d'interdire à une personne l'exercice de ses fonctions ; l'exclusion est for-
mellement écrite dans la loi.

Le magistrat directeur du jury prononce sur les exclusions ou incompatibilités dont les causes en seraient survenues ou n'auraient été connues que postérieurement à la désignation du juré à exclure. ( V. *Peine*, Art. 32 L. )

Art. 33. L. Ceux des jurés qui se trouvent rayés de la liste par suite des empêchements, exclusions ou incompatibilités prévus à l'article précédent, sont immédiatement remplacés par les jurés supplémentaires que le magistrat directeur du jury appelle dans l'ordre de leur inscription.

En cas d'insuffisance, le magistrat directeur du jury choisit sur la liste, en vertu de l'article 29, les personnes nécessaires pour compléter le nombre de seize jurés. ( V. *Liste des jurés*, Art. 29 L. )

EXPROPRIATION pour cause d'utilité publique. Action que la loi exerce sur tous les biens sans distinction quand l'intérêt public l'exige, et lorsque cet intérêt a été constaté par des enquêtes préalables.

L'expropriation pour cause d'utilité publique diffère de l'expropriation forcée, en ce qu'elle procure une indemnité souvent au-dessus de la valeur de l'immeuble au propriétaire exproprié, et que celle-ci le ruine.

L'article 548 du code civil, l'article 9 de la charte, la loi du 16 septembre 1807, le décret du 28 prairial an 12 (17 *juin* 1804), la loi du 8 mars 1810, celle du 30 mars 1831, celle du 7 juillet 1833, celle du 20 mars 1835, enfin celle du 3 mai 1841, qui abroge expressément les deux dernières, règlent aujourd'hui la matière des expropriations.

Faut-il ouvrir une route royale, en changer la direction pour la rendre plus profitable, la rectifier pour en adoucir les pentes ?

Faut-il construire un chemin de fer pour favoriser toutes les opérations commerciales et industrielles ?

Faut-il canaliser des rivières, bassins et docks ?

Dans ce même but, établir des môles, élever des phares et fanaux, construire des ponts en pierre et en fil de fer?

Le ministère des travaux publics ordonne alors la confection des plans, des profils, la rédaction des mémoires descriptifs, et de l'état approximatif de la dépense.

Faut-il élever un monument aux arts, aux sciences, à la gloire, construire des lazarets, des maisons de santé, dans l'intérêt de l'humanité, des maisons centrales de détention dans l'intérêt de la société?

Le ministère de l'intérieur demande aux personnes de l'art, les plans et devis estimatifs des constructions.

Faut-il élever des remparts, construire des forts, des citadelles, des bastions et des redoutes?

Le ministère de la guerre ordonne aux officiers du génie la rédaction des projets.

Faut-il donner au culte des monuments religieux, des palais?

Le ministère des cultes fait préparer les projets par les architectes.

Faut-il donner à la faculté des sciences des monuments qui constatent la nécessité de son institution?

Le ministère de l'instruction publique fait les dispositions nécessaires pour l'étude des projets.

Faut-il donner à l'agriculture des écoles vétérinaires, établir des haras?

C'est au ministère de l'agriculture et du commerce qu'il appartient d'en démontrer l'utilité et la nécessité.

Tous ces projets sont examinés en conseil et revêtus de l'approbation du ministre compétent.

Est-il nécessaire d'ouvrir une route départementale, d'en changer la direction, d'opérer sa rectification, de construire un pont sur cette route? Le préfet en fait la proposition au conseil général, en lui soummettant l'avant-projet. Cette assemblée délibère, le dossier est soumis à l'approbation du ministre des travaux publics.

Veut-on construire un palais de justice, une caserne de gendarmerie, une prison, une maison d'aliénés? Veut-on un chemin de grande communication?

Le préfet fait dresser les avant-projets, les soumet au conseil général, qui délibère sur leur objet et vote, s'il y a lieu, les fonds, l'emprunt ou l'imposition extraordinaire, suivant les cas.

Les projets et la délibération du conseil général, ainsi que les autres pièces du dossier, sont soumis au ministre, qui les examine d'abord en conseil d'état pour ce qui a rapport aux ressources extraordinaires qu'il s'agit de créer, et en conseil de bâtiments pour ce qui touche à la régularité et à la convenance des constructions projetées.

Faut-il construire une école primaire?

Le préfet suit la même marche, et transmet le dossier au ministre de l'instruction publique.

Lorsqu'une commune demande l'expropriation d'un terrain dans un intérêt purement communal, tels que la construction d'un hospice, d'une église, d'un presbytère, d'une maison commune, d'une école, d'une bibliothèque, d'un théâtre, d'une fontaine, l'ouverture, le redressement d'un chemin vicinal et généralement tout ce qui peut intéresser l'habitation, l'article 12 de la loi du 3 mai 1841 écarte des mesures d'exécution relatives à l'expropriation, les dispositions des articles 8, 9 et 10, relatifs aux opérations que la commission d'expropriation est chargée de faire dans les délais prescrits.

Hors ces articles, toutes les dispositions de la loi sont applicables aux expropriations réclamées dans un intérêt purement communal, Dans tous ces cas, elle a organisé un jury spécial qui se trouve substitué, dans chaque chef-lieu, au tribunal civil d'arrondissement.

Elle a tracé des formes particulières par 77 articles qui sont marqués dans le présent ouvrage par L. ( V. *Plans, Travaux.*)

ART. 1er. L'expropriation pour cause d'utilité publique s'opère par autorité de justice. (V. *Tribunaux.*)

**FEMMES.** Dans l'ordre social, l'état et la condition des femmes diffèrent de ceux des hommes, et varient suivant qu'elles sont libres ou engagées dans les liens du mariage.

Il suffira de transcrire ici l'article de la loi qui les concerne, pour établir la différence qui existe entre la femme célibataire et celle qui ne l'est pas. La première, à l'âge de majorité, si elle n'est plus sous la puissance de ses père et mère, dispose de sa personne et de ses biens avec une entière liberté, la seconde doit, dans tous les actes civils, commerciaux et judiciaires, être assistée et autorisée de son mari.

ART 25 L. Les femmes mariées sous le régime dotal, assistées de leurs maris, ceux qui ont été envoyés en possession provisoire des biens d'un absent, et autres personnes qui représentent les incapables, peuvent valablement accepter les offres énoncées en l'article 23, s'ils y sont autorisés dans les formes prescrites par l'article 13. (V. *Offres*, *Aliénation.*)

**FERMIER.** Celui qui par un contrat obtient la jouissance d'un immeuble pour un temps limité et moyennant le prix déterminé dans l'acte.

En l'absence du propriétaire et à défaut de déclaration de domicile de la part de ce dernier, les notifications prescrites par la loi sont faites au domicile du fermier et au maire de la commune où le bien est situé. (V. *Jugement d'expropriation.*)

Le fermier ne peut être choisi pour faire partie du jury spécial. (V. *Jury spécial.*)

**GARDIEN.** (V. *Fermier.*)

**GREFFIER.** Les greffiers sont auxiliaires des juges près des cours et tribunaux, et chargés de la tenue des registres des actes qui en émanent, d'en conserver les minutes, de dresser les procès-verbaux, d'en délivrer des expéditions.

Ils sont nommés par le Roi, qui peut les révoquer à volonté. ( *Loi du 7 ventôse an 8*, 26 février 1800. )

Le greffier du tribunal assiste le magistrat directeur du jury, appelle successivement les causes sur lesquelles le jury doit statuer et tient procès-verbaux des opérations. ( V. *Procès-verbal*, Art. 34 L. )

ART. 9 Tous extraits ou expéditions délivrés par les greffiers, en matière d'expropriation pour cause d'utilité publique, seront portés sur papier d'une dimension égale à celle de 1 franc 25 centimes. Ils contiendront 28 lignes à la page, et 14 à 16 syllabes à la ligne.

ART. 10. Il sera alloué aux greffiers 40 centimes pour chaque rôle d'expédition ou d'extrait.

ART. 11. Il sera alloué au greffier, pour la rédaction du procès-verbal des opérations du jury spécial, cinq francs pour chaque affaire terminée par décision du jury et rendue exécutoire.

Néanmoins, cette allocation ne pourra excéder quinze francs par jour, quel que soit le nombre des affaires, et dans ce cas, ladite somme de quinze francs sera répartie également entre chacune des affaires terminées le même jour.

ART. 12. L'état des dépenses sera rédigé par le greffier; celle des parties qui requerra la taxe, devra, dans les trois jours qui suivront la décision du jury, remettre au greffier toutes les pièces justificatives.

Le greffier paraphera chaque pièce admise en taxe, avant de la remettre à la partie.

ART. 13. Il sera alloué au greffier 10 centimes pour chaque article de l'état des dépenses, y compris le paraphe des pièces.

ART. 14. L'ordonnance d'exécution du magistrat directeur du jury, indiquera la somme des dépenses taxées et la proportion dans laquelle chaque partie devra les supporter.

ART. 15. Au moyen des droits ci-dessus accordés

aux greffiers, il ne leur sera alloué aucune autre ré-tribution à aucun titre, sauf les droits de transports dont il sera parlé ci-après ; et ils demeureront char-gés, 1° du traitement du commis-greffier, s'il était besoin d'en établir pour le service des assises spéciales ; 2° de toutes les fournitures de bureau nécessaires pour la tenue de ces assises ; 3° de la fourniture du papier, des expéditions ou extraits qu'ils devront aussi faire viser pour timbre.

Les distances sont réglées par myriamètres et demi-myriamètres, les fractions de 8 ou 9 kilomètres, et celles de 3 à 8 kilomètres pour un demi-myriamètre.

ART. 27. Lorsque la réunion du jury a lieu dans une commune autre que le chef-lieu judiciaire de l'arron-dissement, les indemnités de déplacement peuvent être acquittées par le receveur de l'enregistrement du lieu de cette réunion ou du ressort ( V. *Magistrat directeur.* )

ART. 28. Ces frais sont à la charge de l'administra-tion ou de la compagnie concessionnaire.

HYPOTHÈQUES. L'hypothèque est un droit réel sur les immeubles affectés à l'acquittement d'une obli-gation. (Art. 2114 du *code civil.* )

ART. 16 L. Le jugement sera, immédiatement après les formalités prescrites par l'article 15 de la présente loi, transcrit au bureau de la conservation des hypo-thèques de l'arrondissement, conformément à l'arti-cle 218 du code civil. ( V. *Jugement d'expropria-tion. Voir les articles du code civil.* )

ART. 2181. Les contrats translatifs de propriétés d'immeubles ou droits réels immobiliers que les tiers détenteurs voudront purger de privilèges et d'hypo-thèques, seront transcrits en entier par le conserva-teur des hypothèques dans l'arrondissement duquel les biens sont situés.

Cette transcription se fera sur un registre à ce des-tiné et le conservateur sera tenu d'en donner connais-sance au requérant.

Il ne sera perçu aucun droit pour la transcription des actes au bureau des hypothèques. (V. *Enregistrement*, art 58 L. )

ART. 17 L. Dans la quinzaine de la transcription, les priviléges et les hypothèques conventionnelles, judiciaires ou légales, seront inscrits.

A défaut d'inscription dans ce délai, l'immeuble exproprié sera affranchi de tous privil éges et hypothèques, de quelque nature qu'ils soient, sans préjudice des droits des femmes, mineurs et interdits, sur le montant de l'indemnité, tant qu'elle n'a pas été payée ou que l'ordre n'a pas été réglé définitivement entre les créanciers.

Les créanciers inscrits n'auront, dans aucun cas, la faculté de surenchérir, mais ils pourront exiger que l'indemnité soit fixée conformément au titre IV. ( V. *Réglement des indemnités*, art. 28 L. )

Il ne sera pas fait d'offres, toutes les fois qu'il existera des inscriptions. (V. *Consignation, Empêchement.* )

**IMMEUBLES.** Les fonds de terre et les bâtiments sont immeubles par leur nature.

**IMMEUBLES** DOTAUX. D'après l'article 1540 du code civil, les biens que la femme apporte au mari pour soutenir les charges du mariage, sont dotaux. (V. *Aliénation*, art. 13 L. )

**INCAPABLES.** Les incapables sont ceux qui n'ont pas qualité pour faire, donner, recevoir, transmettre ou recueillir quelque chose.

Ce sont les femmes mariées, les mineurs, les absents, les aliénés ou interdits, les hospices et établissements publics, les communes, les départements, l'Etat même, puisqu'ils ne peuvent agir que sous la tutelle d'un représentant dûment autorisé par la justice, les tribunaux administratifs, ou par l'autorité supérieure. (V. *Aliénation*, art. 13. )

INCOMPATIBILITÉ. (V. *Abstention.*)

INCOMPÉTENCE. (V. *Vice de forme.*)

INDEMNITÉ. L'indemnité est un objet de compensation avec les privations qu'on impose, ou la réparation d'un dommage que l'on cause.

L'indemnité est due, lorsqu'il y a expropriation ou convention amiable.

INDEMNITÉ. (V. *Règlement des indemnités.*)

INGÉNIEUR. Ils sont fonctionnaires, lorsqu'ils sont nommés par le gouvernement et qu'ils sont chargés de lever les plans, rédiger les projets, diriger et surveiller les travaux d'utilité publique.

La commission entendra les ingénieurs des ponts et chaussées et des mines, employés dans le département. (V. *Enquête,* art. 60.)

ART. 4 L. Les ingénieurs chargés de l'exécution des travaux lèvent, pour la partie qui s'étend sur chaque commune, le plan parcellaire des terrains ou des édifices dont la cession leur paraît nécessaire. (V. *Plan.*)

L'un deux fait partie de la commission d'arrondissement. (V. *Commissions.*)

L'article 5 de la loi du 3 mai 1841, prescrit d'indiquer sur le plan des propriétés particulières, les noms de chaque propriétaire, tels qu'ils sont inscrits sur la matrice des rôles.

La matrice cadastrale indique :

1° *Le numéro d'ordre.*

2° *Les noms, prénoms, professions et domicile.*

3° *Le quartier, triage ou lieu dit de la propriété.*

4° *La section qui comprend ce quartier.*

5° *La lettre de cette section.*

6° *Le numéro de la parcelle.*

7° *La nature de culture.*

8° *La contenance de chaque parcelle.*

9° *Le revenu net de chaque parcelle.*

On comprend la nécessité de ces indications, lorsqu'on trouve à l'article 50 de la loi du 3 mars 1841, que l'administration ou le jury spécial doit connaître si la propriété nécessaire aux travaux, se trouve dans le cas de recevoir l'application de cet article. (V. *Acquisitions.*)

Or, aux renseignements qui précèdent, il devra donc être ajouté ceux que la loi a sous-entendus, savoir :

10° *La contenance à céder de chaque parcelle.*

11° *La partie du revenu afférente à cette contenance.*

12° *La partie de la contribution afférente à ce revenu.*

13° *Et enfin le restant de la contenance totale, du revenu total, de la contribution totale.*

Ces mêmes renseignements doivent être consignés dans l'avertissement collectif à donner aux parties intéressées, à publier, afficher et insérer dans l'un des journaux, conformément à l'article 6 de ladite loi. (V. *Avertissement.*)

**INSCRIPTION** HYPOTHÉCAIRE. Action de constater sur un registre public, tenu par le conservateur des hypothèques dans chaque arrondissement communal, la déclaration d'un créancier contre son débiteur. (V. *Hypothèques.*)

**INTENDANT** DE LA LISTE CIVILE. (V. *Aliénation.*)

**INTÉRÊTS.** Ce mot a plusieurs acceptions : pour celle qui détermine la part qu'on a dans la fixation de l'indemnité (V. *Partie intéressée*) ; pour celle qui s'applique à des tiers (V. *Consignation*).

ART. 55 L. Si dans les six mois du jugement d'expropriation, l'administration ne poursuit pas la fixation de l'indemnité, les parties pourront exiger qu'il soit procédé à ladite fixation.

Quand l'indemnité aura été réglée, si elle n'est ni acquittée, ni consignée dans les six mois de la décision du jury, les intérêts courront de plein droit à l'expiration de ce délai. (V. *Consignation.*)

Lorsque la prise de possession de terrain a lieu par urgence, le tribunal, qui détermine la somme à consigner, doit comprendre dans cette somme, non seulement le capital, mais en outre les intérêts à 5 o/o pendant deux ans.

JOURNAUX. Genre d'industrie régi par les lois de la presse, pour la publication de tout ce qui ne leur est pas contraire. Le jugement est inséré dans l'un des journaux publiés dans l'arrondissement, ou, s'il n'en existe aucun, dans l'un des journaux du département. ( V. *Avertissement, Jugement*, Art. 15. )

Toutes les autres notifications prescrites par la présente loi seront faites dans la forme ci-dessus indiquée. ( Art. 15. V. *Jugement*, *Offres*. )

JUGEMENT D'EXPROPRIATION POUR CAUSE D'UTILITÉ PUBLIQUE. Le tribunal prononce l'expropriation pour cause d'utilité publique. ( Art. 14. V. *Tribunal.* )

ART. 15. Le jugement est publié et affiché, par extrait, dans la commune de la situation des biens, de la manière indiquée en l'article 6. Il est en outre inséré dans l'un des journaux publiés dans l'arrondissement, ou, s'il n'en existe aucun, dans l'un de ceux du département.

Cet extrait, contenant les noms des propriétaires, les motifs et le dispositif du jugement, leur est notifié au domicile qu'ils auront élu dans l'arrondissement de la situation des biens, par une déclaration faite à la mairie de la commune où ces biens sont situés; et dans le cas où cette élection de domicile n'aurait pas eu lieu, la notification de l'extrait sera faite en double copie au maire et au fermier, locataire, gardien ou régisseur de la propriété.

Toutes les autres notifications prescrites par la présente loi seront faites dans la forme ci-dessus indiquée. ( V. *Transcription*, *Election de domicile*, *Convention amiable.* )

4

Si une ordonnance a déclaré spécialement urgence, en ce cas, après le jugement d'expropriation, l'ordre qui déclare l'urgence et le jugement seront notifiés, conformément à l'article 15, aux propriétaires et aux détenteurs, avec assignation devant le tribunal civil. L'assignation sera donnée à trois jours au moins. Elle énoncera la somme offerte par l'administration. ( V. *Offres.* )

Le jugement du tribunal et l'ordre du président sont exécutoires sur minute et ne peuvent être attaqués par opposition ni appel. (V. *Prise de possession.* )

### *Modèle de notification du jugement d'expropriation.*

L'an                et le                du mois de
Nous                huissier patenté près le tribunal de
(ou garde champêtre assermenté devant le tribunal de                )
résidant à                à la requête de M.
conformément à l'article 21 de la loi du 3 mai 1841, avons notifié au sieur                l'extrait ci-après du jugement d'expropriation rendu le                par le tribunal civil de                duquel il résulte que ledit sieur                doit céder à                mètres                cent.                de terrain pour

Que faute par lui d'appeler et de faire connaître à l'administration, dans le délai de huit jours, les fermier, locataires, ceux qui ont des droits d'usufruit, d'habitation ou d'usage, tels qu'ils sont réglés par le code civil, et ceux qui peuvent réclamer des servitudes résultant des titres mêmes ou d'autres actes dans lesquels il serait intervenu, il restera seul chargé envers eux des indemnités que ces derniers pourront réclamer.

Et pour qu'il n'en ignore, avons laissé copie de la présente notification à son domicile élu, parlant à la personne de qui a signé l'original.

S'il n'y a pas eu déclaration d'élection de domicile conformément à l'article 15 ( V. *Jugement.* ), la notification sera faite en double copie au maire, fermier, locataire, gardien ou régisseur de la propriété.

*Modèle d'avis de publication d'affiches et d'insertion dans un journal, de l'extrait du jugement d'expropriation.*

Par suite du jugement d'expropriation prononcé le      par le tribunal civil de l'arrondissement de      et en vertu de l'article 14 de la loi du 3 mai 1841 ,

Les propriétaires désignés dans le tableau suivant se trouvent compris dans l'expropriation des terrains et bâtiments nécessaires pour

( *Transcrire ici le tableau qui fait l'objet de l'avis indiqué après le mot* AVERTISSEMENT. )

En conséquence, et en vertu de l'article 21 de la loi précitée, les propriétaires dénommés dans le tableau , sont tenus d'appeler et de faire connaître à l'administration , dans le délai de huit jours, les fermiers, locataires, etc. *comme au mot* NOTIFICATION *jusqu'au mot* RÉCLAMER , *sauf le pluriel.* )

Les autres intéressés sont en demeure de faire réclamer leurs droits et tenus de les faire connaître à l'administration dans le délai de huitaine, à défaut de quoi, ils seront déchus de tout droit à l'indemnité.

JURÉ. Membre du jury spécial institué par la loi du 3 mai 1841.

La Cour royale, le Tribunal, choisit seize personnes qui forment le jury spécial , et en outre quatre jurés supplémentaires.

Les septuagénaires sont dispensés , s'ils le requièrent, des fonctions de jurés. ( V. *Jury , Liste des Jurés.* )

ART. 32. Tout juré, qui, sans motifs légitimes , manque à l'une des séances ou refuse de prendre part à la délibération, encourt une amende. ( V. *Jury.* )

ART. 33. Ceux des jurés qui se trouvent rayés de la liste sont immédiatement remplacés. ( V. *Exclusion.* )

ART. 31. Le sous-préfet convoque les jurés. ( V. *Liste des Jurés.* )

JURY SPÉCIAL. La loi crée ce jury pour fixer définitivement le montant des indemnités revenant aux propriétaires expropriés pour cause d'utilité publique. ( V. *Cour royale, Affaires attribuées au jury.* )

Art. 3o. Ne peuvent être choisis pour faire partie de ce jury :

1° Les propriétaires, fermiers, locataires des terrains et bâtiments désignés en l'arrêté du préfet pris en vertu de l'article 11, et qui restent à acquérir.

2° Les créanciers ayant inscriptions sur lesdits immeubles.

3° Tous autres intéressés désignés ou intervenant en vertu des articles 21 et 22. (V. *Juré*, *Droit à l'indemnité*, *Usufruitiers*.)

Art. 44, L. Le jury ne connaît que des affaires dont il a été saisi au moment de sa convocation, et statue successivement et sans interruption sur chacune de ces affaires. Il ne peut se séparer qu'après avoir réglé toutes les indemnités dont la fixation lui a été ainsi déférée.

Art. 45, L. Les opérations commencées par un jury, et qui ne sont pas encore terminées au moment du renouvellement annuel de la liste générale mentionnée en l'article 29 (V. *Conseil général*), sont continuées, jusqu'à conclusion définitive, par le même jury.

Art. 46. Après la clôture des opérations du jury, les minutes de ses décisions, et les autres pièces qui se rattachent auxdites opérations, sont déposées au greffe du tribunal civil de l'arrondissement.

Art. 48, L. Le jury est juge de la sincérité des titres et de l'effet des actes qui seraient de nature à modifier l'évaluation de l'indemnité.

LISTE des jurés. Celle qui a été formée par la Cour royale ou par le tribunal pour former le jury spécial. (V. *Cour royale*.) Lorsque la Cour royale ou le tribunal a fait le choix du nombre déterminé de jurés, la liste en est adressée au préfet.

Art. 31, L. La liste des seize jurés et des quatre jurés supplémentaires est transmise par le préfet au sous-préfet, qui, après s'être entendu avec le magistrat directeur du jury, convoque les jurés et les parties, en leur indiquant, au moins huit jours à l'avance, le lieu et le jour de la réunion. La notification aux parties leur fait connaître les noms des jurés. (V. *Notification*, *Journaux*, *Magistrat directeur du jury*.)

**LITIGE** sur le fond. Art. 39. Le jury prononce des indemnités distinctes en faveur des parties qui les réclament à des titres différents, comme propriétaires, fermiers, locataires, usagers et autres intéressés dont il est parlé à l'article 21. ( V. *Droits à l'indemnité.* )

Dans le cas d'usufruit, une seule indemnité est fixée par le jury, eu égard à la valeur totale de l'immeuble ; le nu-propriétaire et l'usufruitier exercent leurs droits sur le montant de l'indemnité, au lieu de l'exercer sur la chose.

L'usufruitier sera tenu de donner caution ; les père et mère ayant l'usufruit légal de leurs enfants, en seront seuls dispensés.

Lorsqu'il y a litige sur le fond du droit ou sur la qualité du réclamant, et toutes les fois qu'il s'élève des difficultés étrangères à la fixation du montant de l'indemnité, le jury règle l'indemnité, indépendamment de ces litiges et difficultés, sur lesquels les parties sont renvoyées à se pourvoir devant qui de droit.

L'indemnité allouée par le jury ne peut, en aucun cas, être inférieure aux offres de l'administration, ni supérieure à la demande de la partie intéressée. (V. *Obstacles au paiement*, *Contestation.*)

**MAGISTRAT** directeur du jury. Membre du tribunal civil commis pour en remplir les fonctions.

Art. 14. Le tribunal prononce l'expropriation pour cause d'utilité publique.

§ 3. Le même jugement commet un des membres du tribunal pour remplir les fonctions attribuées par le titre IV chapitre 11, au magistrat directeur du jury, chargé de fixer l'indemnité, et désigne un autre membre pour le remplacer au besoin ( V. *Absence.* )

Art. 31. Le magistrat directeur du jury se concerte avec le sous-préfet qui convoque le jury et les parties. (V. *Liste des Jurés.* )

ART. 32..... Prononce l'amende contre le juré qui s'en est rendu passible ( V. *Peines* ) , statue en dernier ressort sur l'opposition qui serait formée par le juré condamné ; prononce également sur les causes d'empêchement, les exclusions ou incompatibilités. ( V. *Peines.* )

ART. 33 .... Remplace les exclus ou les absents par les jurés supplémentaires qu'il appelle dans l'ordre de leur inscription. (V. *Exclusion.* )

En cas d'insuffisance.... Il choisit sur la liste dressée en vertu de l'article 29 , les personnes nécessaires pour compléter le nombre de seize jurés. ( V. *Cour royale.* )

ART. 34. Il est assisté, auprès du jury spécial, du greffier ou commis-greffier du tribunal, qui appelle successivement les causes sur lesquelles le jury doit statuer et tient le procès-verbal des opérations. ( V. *Procès-verbal.* )

ART. 37. Il met sous les yeux du jury le tableau des offres, les demandes notifiées, les plans, titres et documents. ( V. *Séances.* )

ART. 38. La clôture de l'instruction est prononcée par le magistrat directeur du jury. (V. *Clôture.* )

ART. 41. Taxe les dépens. (V. *Dépens.* )

ART. 42. La décision du jury et l'ordonnance du magistrat directeur du jury, ne peuvent être attaquées que par la voie du recours en cassation. ( V. *Recours, Violation.* )

ART. 50. Le magistrat directeur du jury reçoit dans les délais énoncés aux articles 24 et 27 (V. *Acceptation, Délai pour l'acceptation* ) , les déclarations formelles que lui adressent les propriétaires, de céder en entier les bâtiments ou parcelles de terrain. (V. *Acquisition, Bâtiments.* )

**MAIRE.** Chef d'un corps administratif ou officier municipal, premier fonctionnaire d'une commune, spécialement chargé d'en administrer les affaires, de protéger, diriger, conseiller et concilier les habitants, d'exécuter et faire exécuter les lois et réglements de police, de constater les contraventions qui y seraient commises, les poursuivre et les punir dans certain cas. En matière d'expropriation pour cause d'utilité publique :

ART. 7.... Certifie les publications et affiches. (V. *Publication.*) Mentionne, reçoit, requiert les parties désignées sur le procès-verbal qu'il ouvre à cet effet, de signer les déclarations et réclamations qui lui sont faites. (V. *Procès-verbal.*)

ART. 13..... Peut aliéner les biens de la commune. (V. *Aliénation.*)

ART. 15..... Reçoit les déclarations d'élection de domicile. (V. *Jugement d'expropriation, Déclaration.*)

ART. 20..... Reçoit dans le délai voulu, suivant la nature des travaux, les notifications de pourvoi contre le jugement d'expropriation. (V. *Recours en cassation.*)

ART. 26..... Peut accepter les offres de l'administration. (V. *Acceptation.*)

MAIRIE. Etablissement public principalement destiné à la réunion du conseil municipal, à la conservation des archives d'une commune. (V. *Dépôt.*)

MAJORAT. Propriété frappée d'une substitution perpétuelle qui passe dans une famille, de mâle en mâle, par ordre de primogéniture, et est affectée à la dotation d'un titre ou d'un nom de noblesse érigé par le roi. (Article 296 du code civil, décret du 30 mars 1806 et du 14 août suivant.)

Les majorats sont soumis aux mêmes conditions que les immeubles dotaux.

MANDAT EN COMPTABILITÉ. Un mandat est un acte que l'ordonnateur des dépenses délivre en faveur de la partie prenante, et qui indique la nature du crédit, le chapitre et l'article du chapitre du budget dans lequel cette dépense est autorisée.

Art. 53. Les offres réelles pourront s'effectuer au moyen d'un mandat. ( V. *Paiement des indemnités.* )

Le mandat de paiement devra être accompagné d'un extrait du jugement d'expropriation tel qu'il a été inséré dans un journal, ou d'un extrait de l'acte de vente amiable, également accompagné de l'extrait de la convention amiable telle qu'elle a été publiée et notifiée, d'un extrait de la décision du jury, du certificat pour paiement délivré par l'ingénieur ou l'architecte chargé de la direction des travaux et de l'extrait de la quittance.

MATRICE de- rôles, Matrice cadastrale. La matrice de rôle est un registre destiné à constater, pendant un certain temps, les mutations qui surviennent dans le courant de l'année parmi les contribuables, à raison des actes de vente, de partage ou d'échange ; elle sert à la confection du rôle d'une commune pour l'année suivante.

La matrice cadastrale est celle qui constate l'existence des biens, leur nature et leur contenance.

C'est au moyen de cette dernière que les ingénieurs font connaître sur les plans parcellaires des travaux, les noms des propriétaires. (V. *Plan.* )

MINEUR. C'est celui ou celle qui n'a pas encore accompli sa vingt-et-unième année et qui ne peut faire aucun acte valable sans l'autorisation de père et mère, et, en leur absence, sans l'autorisation de la justice.

Art. 13. Les tuteurs, ceux qui ont été envoyés en possession provisoire des biens, et tout représentant des immeubles peuvent, après autorisation du tribunal, consentir amiablement à l'aliénation desdits biens. ( V. *Aliénation.* )

Art. 25. Les mêmes peuvent valablement accepter les offres énoncées en l'article 23, s'ils y sont autorisés de la même manière. ( V. *Acceptation.* )

MINISTRE des finances. ( V. *Acceptation.* )

NOTIFICATION. Action par laquelle on donne connaissance d'une chose.

ART. 15. Toutes les notifications prescrites par la présente loi seront faites dans la forme ci-dessus indiquée. ( V. *Jugement.* )

ART. 57, L. Les significations et notifications mentionnées en la présente loi sont faites à la diligence du préfet du département de la situation des biens. Elles peuvent être faites, tant par huissier que par tout agent de l'administration, dont les procès-verbaux font foi en justice. ( V. *Jugement, Offres.* )

OBSTACLE AU PAIEMENT. ART. 54, L. Il ne sera pas fait d'offres réelles, toutes les fois qu'il existera des inscriptions sur l'immeuble exproprié ou d'autres obstacles au versement des deniers entre les mains des ayant-droit; dans ce cas, il suffira que les sommes dues par l'administration soient consignées, pour être ultérieurement distribuées ou remises, selon les règles du droit commun. (V. *Consignation.*)

OFFRE. Faire une offre, c'est présenter à quelqu'un, afin qu'il accepte, l'objet qu'on lui propose.

ART. 23. L'administration notifie aux propriétaires et à tous autres intéressés qui ont été désignés ou qui seront intervenus dans le délai fixé par l'article 21, les sommes qu'elle offre pour indemnités. ( V. *Droits à l'indemnité.* )

Ces offres sont, en outre, affichées et publiées, conformément à l'article 6 de la présente loi.

ART. 26. Le ministre des finances, les préfets, maires ou administrateurs, peuvent accepter les offres de l'administration pour expropriation des biens appartenant à l'Etat, à la couronne, aux départements, communes ou établissements publics, dans les formes et avec les autorisations prescrites par l'art. 13.

Le préfet prend un arrêté qui fixe la somme offerte pour indemnités, et le fait remettre à l'huissier le plus voisin du lieu, ou à un agent de l'administration, dont les procès-verbaux font foi en justice. C'est en vertu de cet arrêté que la notification est faite.

### Modèle de la notification d'offre.

L'an mil huit cent quarante            et le            du mois de            à la requête de M.            agissant au nom de et en vertu de l'article 23 de la loi du 3 mai 1841 ,

Nous            huissier patenté et assermenté près le tribunal civil de            ( ou garde champêtre commissionné ou assermenté)            Avons notifié au sieur            que l'administration, suivant le jugement d'expropriation prononcé par le tribunal civil de            le            du            dont extrait lui a été notifié et a été publié, affiché et inséré dans un journal du département, lui fait aujourd'hui l'offre de la somme de            pour l'indemnité du terrain qu'il doit céder en vertu d'un jugement, pour

L'avons également averti, 1° que la présente serait en outre publiée au son de trompe ou de caisse dans cette commune , affichée à la porte principale de l'église, de la maison commune et insérée dans un des journaux du département ;

2° Qu'il était tenu, conformément à l'article 24 de la loi du 3 mai 1841, de déclarer son acceptation, ou, s'il n'accepte pas l'offre qui lui est faite par la présente, d'indiquer le montant de ses prétentions dans la quinzaine à dater de ce jour ;

3° Qu'à défaut d'accomplissement de cette formalité, il sera cité pour comparaître devant le jury spécial qui sera convoqué pour régler définitivement cette indemnité.

Nota. Si le propriétaire accepte, le mot *accepté* et signé par lui sur l'original suffira pour valider l'acceptation.

S'il refuse, il écrira sur ce même original qu'il refuse, et qu'il fera connaître dans la quinzaine à l'administration, le montant de ses prétentions, ou bien il les consignera sur le champ.

### Modèle d'affiche de la notification d'offre.

Le préfet, etc.            en vertu de l'article 57 de la loi du 3 mai 1841, offre aux dénommés dans le tableau suivant, les sommes portées en regard de leurs noms, pour indemnité du            qu'ils doivent céder à            suivant jugement d'expropriation pour cause d'utilité publique, prononcé par le tribunal civil de l'arrondissement de            lequel terrain ou bâtiment est compris dans le tracé des travaux à exécuter pour            et ordonne que la présente sera

| NOMS ET PRÉNOMS. | SUPERFICIE DU TERRAIN à céder. | SOMME OFFERTE pour indemnité. |
|---|---|---|
| | | |

publiée à son de trompe ou de caisse dans la commune de
qu'elle sera affichée à la porte principale de l'église,
de la maison commune, et insérée en outre dans le journal de

Il est accordé aux parties intéressées, y dénommées, un délai de quinze jours pour déclarer leur acceptation ou indiquer leurs prétentions, conformément à l'article 24 de la loi précitée.

A défaut et conformément à l'article 28 de la loi, ils seront cités en temps et lieu devant le jury spécial qui sera convoqué à cet effet.

*Modèle de citation aux parties intéressées qui ont refusé l'offre de l'administration.*

L'an mil huit cent quarante          et le          du mois de          à la requête de M.          agissant au nom de
nous          huissier patenté et assermenté devant le tribunal de l'arrondissement de          (ou garde-champêtre commissionné et assermenté devant le tribunal civil de l'arrondissement de)

Avons cité le sieur          pour cause de non acceptation de la somme de          qui lui a été offerte à titre d'indemnité de terrain et conformément à l'article 28 de la loi du 3 mai 1841, pour comparaître le          de          à la salle du tribunal civil de          devant le jury spécial qui est convoqué pour le même jour, à l'effet de procéder à la fixation définitive des indemnités de terrain dont l'expropriation est prononcée par jugement du tribunal civil de l'arrondissement de          en date du

Faute par lui de comparaître aux jour et lieu indiqués, il il sera procédé en son absence, conformément à l'article 67 de la loi précitée.

Et pour qu'il n'en ignore, je lui ai laissé copie de la présente dans son domicile, parlant à

ART. 37. Le tableau des offres et demandes notifiées en exécution des articles 23 et 24, est mis sous les yeux du jury par le magistrat directeur. ( V. *Accep-tation.* )

ART. 39. L'indemnité allouée par le jury ne peut en aucun cas être inférieure aux offres de l'administration, ni supérieure à la demande de la partie intéressée. ( V. *Litige sur le fond.* )

ART. 40. Si l'indemnité réglée par le jury ne dépasse pas l'offre de l'administration, les parties qui l'auront refusée seront condamnées aux dépens. ( V. *Dépens.* )

ART. 53. S'il s'agit de travaux exécutés par l'État et les départements, les offres réelles pourront s'effectuer au moyen d'un mandat égal au montant de l'indemnité réglée par le jury. ( V. *Mandat*, *Paicment de l'indemnité.* )

ART. 54. Il ne sera pas fait d'offres réelles, toutes les fois qu'il existera des inscriptions sur l'immeuble exproprié. ( V. *Consignation*, *Obstacle au paiement.* )

**OPPOSITION.** ( V. *Action en résolution*, *Vice de forme.* )

**ORDONNANCE.** Réglement administratif fait par le roi, lorsqu'il a pour objet l'exécution d'une loi.

ART. 3. L'ordonnance royale qui autorise l'exécution des travaux doit être précédée d'une enquête.

Les enquêtes auront lieu dans les formes déterminées par un réglement d'administration publique.

Une ordonnance royale suffira pour autoriser l'exécution des routes départementales, celles des canaux et chemins de fer d'embranchement de moins de vingt mille mètres de longueur, des ponts et de tous autres travaux de moindre importance. ( V. *Travaux d'utilité publique.* )

ART. 65. L'urgence de prendre possession des terrains sera spécialement déclarée par une ordonnance royale.

**ORDONNANCE** DE PRISE DE POSSESSION DES TER-

RAINS. ART. 71. Le jugement du tribunal et l'ordonnance du président, sont exécutoires et ne peuvent être attaqués par opposition ni par appel. (V. *Prise de possession.*)

CHAP. 11. ART. 75. Les formalités prescrites par les titres 1 et 2 de la présente loi, ne sont applicables ni aux travaux militaires ni aux travaux de la marine royale.

Pour ces travaux, une ordonnance royale détermine les terrains soumis à l'expropriation. (V. *Travaux militaires.*)

PARTIES INTÉRESSÉES. La loi du 3 mai 1841, appelle ainsi les personnes auxquelles l'application de l'expropriation pour cause d'utilité publique devient nécessaire.

ART. 2. Cette application ne peut être faite à aucune propriété particulière, qu'après que les parties intéressées ont été mises en état d'y fournir leurs contredits, selon les règles exprimées au titre 2. (V. *Tribunaux*, *Enquête*, *Commission.*)

ART. 6. L'avertissement donné collectivement aux propriétaires de prendre communication du plan déposé à la mairie pendant huit jours, les met en état de fournir leurs contredits. (V. *Dépôt*, *Avis.*)

ART. 7. Ceux qui comparaissent dans ce délai à la mairie pour y faire leurs déclaration et réclamation, soit verbalement, soit par écrit, sont requis de les signer sur le procès-verbal ouvert à cet effet.

Les parties intéressées ont la faculté de les transmettre par écrit au maire. (V. *Procès-verbal.*)

ART. 8. Les propriétaires qu'il s'agit d'exproprier, ne peuvent faire partie de la commission d'expropriation. (V. *Commission.*)

ART. 9. La commission reçoit pendant huit jours les observations des propriétaires. (V. *Clôture.*)

ART. 10. Si la commission propose quelque changement au tracé, les parties intéressées pourront en prendre communication à la sous-préfecture, où le plan des changements proposés est déposé pendant huit jours. ( V. *Sursis à la prise de possession.* )

Art. 13. Les parties intéressées peuvent consentir amiablement à l'aliénation des biens et passer des conventions amiables; à défaut, l'expropriation est prononcée. ( V. *Aliénation:* )

Art. 14. Si dans l'année de l'arrêté du préfet qui désigne les propriétés, l'administration n'a pas poursuivi l'expropriation, le propriétaire compris dans cet arrêté peut présenter une requête au tribunal. ( V. *Requête.* )

Art. 15. Lorsque le jugement est prononcé, il est notifié aux parties intéressées. ( V. *Jugement.* )

Art. 16. Il est transcrit au bureau des hypothèques ( V. *Hypothèques.* )

Art. 17. Dans la quinzaine de la transcription, les priviléges sont inscrits. A défaut, l'immeuble en est affranchi, sans préjudice des droits des femmes, mineurs et interdits. ( V. *Inscriptions.* )

Les créanciers inscrits n'ont pas la faculté de surenchérir.

Art. 18. Toute action réelle ne peut arrêter l'expropriation ni en empêcher l'effet. ( V. *Action en résolution.* )

Art. 19. Les conventions amiables sont, comme le jugement d'expropriation, notifiées aux parties intéressées, publiées, affichées, transcrites aux hypothèques.

Le défaut d'accomplissement des formalités de purge d'hypothèques, n'empêche pas l'expropriation. ( V. *Convention amiable.* )

Art. 20. Le jugement d'expropriation ne peut être attaqué que par la voie du recours en cassation et seulement pour incompétence, excès de pouvoir ou vice de forme. ( V. *Recours en cassation.* )

Art. 21. Dans la huitaine de la notification du jugement ou de la convention amiable, le propriétaire est tenu de faire connaître tous les ayant-droit sur ses biens et sur l'indemnité.

Art. 23. Lorsque l'administration notifie aux parties intéressées, à celles qui ont été désignées ou qui sont intervenues, les sommes qu'elle offre en indemnité et qui sont d'ailleurs publiées, affichées et insérées dans un journal, les mêmes parties intéressées sont tenues de déclarer leur acceptation ou le montant de leurs prétentions dans les quinze jours de cette notification. ( V. *Offres*, *Acceptations*, *Délais*. )

Art. 28. Si les offres ne sont pas acceptées dans les délais, les parties intéressées sont citées devant le jury. ( V. *Réglement des indemnités*, *Citations*, *Offres*. )

Art. 31. Lorsque le jury est convoqué, le sous-préfet convoque les parties intéressées et leur fait connaître les noms des jurés. ( V. *Réglement des indemnités*, *Citations*, *Offres*. )

Art. 34. Les parties intéressées ont le droit d'exercer deux récusations péremptoires, lors de l'appel. ( V. *Procès-verbal des opérations du jury*. )

Art. 37. Les parties ou leur fondé de pouvoir, peuvent présenter sommairement leurs observations au jury. ( V. *Séances*, *Discussions*. )

Art. 49. Si l'administration conteste à une partie intéressée le droit à une indemnité, cette indemnité est fixée comme si elle était due, la consignation en est ordonnée jusqu'à ce que le litige porté devant qui de droit soit vidé. ( V. *Contestation*. )

Art. 60. Les anciens propriétaires des terrains non utilisés peuvent en demander la remise. ( V. *Remise de terrains*. )

PAYEMENT des indemnités. Art. 53. Les indemnités réglées par le jury seront, préalablement à la prise de possession, acquittées entre les mains des ayant-droit.

S'ils se refusent à les recevoir, la prise de possession aura lieu après offres réelles et consignation. S'il s'agit des travaux exécutés par l'Etat ou les départements, les offres réelles pourront s'effectuer au moyen d'un mandat égal au montant de l'indemnité réglée

par le jury ; ce mandat, délivré par l'ordonnateur compétent, visé par le payeur, sera payable sur la caisse
publique qui s'y trouvera désignée. ( V. *Mandat.* )

Si les ayant-droit refusent de recevoir le mandat,
la prise de possession aura lieu après consignation en
espèces. ( V. *Obstacle au paiement, Quittance, Tarif,
Décision.* )

Il résulte des dispositions portées par l'article 41,
( V. *Dépens, Tarif* ) et de l'article 54 ( *Obstacle au
payement* ), rapprochées de celles de l'article 53 ci-
dessus, que lorsque l'administration a été envoyée en
possession du terrain exproprié, elle doit, conformément à la décision du jury, délivrer un mandat
de la somme due en faveur de chaque propriétaire,
et ne prendre possession du terrain, que lorsque la
partie prenante a souscrit la quittance dont copie est
jointe au mandat. ( V. *Mandat, Quittance.* )

PEINES. Art. 32. Tout juré qui, sans motifs légitimes, manque à l'une des séances ou refuse de prendre part à la délibération, encourt une amende de
cent francs au moins, et de trois cents francs au plus.

L'amende est prononcée par le magistrat directeur
du jury ; il statue en dernier ressort sur l'opposition
qui sera formée par le juré condamné.

Il prononce également sur les causes d'empêchement que les jurés proposent, ainsi que sur les exclusions ou incompatibilités dont les causes ne seraient
survenues ou n'auraient été connues que postérieurement à la désignation faite en vertu de l'article 30.
( V. *Jury, Cour royale.* )

PLAN. Tracé des travaux dont l'exécution est ordonnée par l'autorité supérieure, dans l'intérêt public.

La loi du 3 mai 1841 a prescrit de lever des plans,
faire des tracés et des profils des travaux qui doivent
être soumis à une enquête, après laquelle une autre
loi ou une ordonnance doit les autoriser.

L'ordonnance du 8 février 1834, relative aux enquêtes, non plus que les autres réglements relatifs à l'expropriation pour cause d'utilité publique, n'ont indiqué la manière de procéder à la confection de ces plans.

On se demande si l'administration a le droit d'autoriser les agents qu'elle charge de cette opération, à s'introduire dans les propriétés particulières, sans un avertissement préalable, et si le propriétaire peut légalement s'y opposer, lorsqu'il doit en résulter pour lui des dommages. Une décision du conseil d'état du 19 octobre 1825, a résolu cette question, et la cour de cassation a décidé que les divers employés de l'administration ne pourraient obliger un propriétaire à souffrir les travaux.

En principe, l'administration ne peut autoriser les agents sous ses ordres à s'introduire dans une propriété particulière, sans avoir mis le propriétaire à même de fournir ses contredits. Et comme les opérations dont il s'agit sont des mesures préparatoires qui ne portent aucun préjudice au droit de propriété, mais seulement des mesures que le gouvernement ordonne pour s'éclairer avant de se prononcer sur l'adoption des projets et l'exécution des travaux, il faut nécessairement, et par analogie, adopter la marche tracée à l'égard des entrepreneurs des travaux publics, lorsqu'ils s'introduisent dans une propriété particulière, soit pour la traverser, y établir un chemin provisoire nécessaire dans l'exécution d'une entreprise, soit pour l'extraction et le transport des matériaux, la loi rend les conseils de préfecture seuls compétents en cette matière.

Les ingénieurs ou autres gens de l'art, chargés de l'exécution des travaux, lèvent, pour la partie qui s'étend sur chaque commune, le plan parcellaire des terrains ou édifices dont la cession leur paraît nécessaire. (V. *Dépôt.*)

Lorsque les ingénieurs ou autres gens de l'art ont reçu de l'administration l'ordre de lever un plan, ils se transportent sur les lieux, exhibent à l'autorité locale les pouvoirs dont ils sont investis, et demandent des indications pour reconnaître les lieux et les propriétés, avant d'y commencer leurs opérations.

Sur le vu de cet ordre, la maire ordonne au garde champêtre de sa commune d'accompagner sur les lieux, l'employé de l'administration ; celui-ci, au moyen du calque du plan cadastral qu'il a sous les yeux, peut connaître le nom des propriétaires ; mais sa première opération étant d'indiquer la nature de la récolte sur laquelle les opérations de nivellement et autres peuvent causer quelques dommages, se borne à les signaler. Cette opération terminée, le maire, sur l'ordre du préfet, fait appeler les propriétaires, et leur propose de faire évaluer amiablement ces dommages par des experts choisis par eux, dresse procès-verbal de ce choix et le transmet immédiatement au préfet.

Si quelque propriétaire refuse de nommer son expert, ce refus est constaté dans le procès-verbal.

Dès sa réception, le préfet choisit un expert pour le compte de l'administration, ordonne qu'il opèrera concurremment avec l'expert de chaque propriétaire, de la manière indiquée dans l'arrêté qu'il prend à cet effet ; lorsqu'il y a refus de la part des propriétaires, il renvoie le procès-verbal du maire au conseil de préfecture, qui nomme un expert d'office pour le compte du propriétaire qui s'y est refusé.

Les experts, une fois nommés, se transportent sur les lieux et se bornent à indiquer, au moyen de la note prise sur le plan, par l'employé de l'administration, les récoltes et les fruits qui peuvent être endommagés. Leur rapport est remis immédiatement au maire qui le transmet au préfet. Sur le vu de ce rapport qui doit être revêtu de l'acceptation des propriétaires, à l'exception de celle des propriétaires qui ont refusé, le préfet ordonne l'occupation des terrains, et l'agent principal chargé de l'opération, procède à la confection des plans et nivellement et autres travaux nécessaires. Lorsque cette opération est terminée, les ex-

perts nommés en sont avertis, et se transportent immédiatement sur les lieux, les examinent, et obtien-
nent pour chaque propriétaire les dommages causés.

Le rapport détaillé de l'expertise est adressé, par
l'expert de l'administration, au préfet. S'il y a diver-
gence, le conseil de préfecture nomme un tiers expert qui se rend sur les lieux pour y exécuter l'opération et faire son rapport.

Le préfet soumet ce rapport au ministre compétent
et demande l'autorisation de faire payer aux propriétaires l'indemnité réglée, et aux experts le montant de
leurs vacations.

Lorsque les plans tracés et nivellement sont termi-
nés, l'envoi en est fait à l'administration supérieure,
qui approuve ou modifie et ordonne l'ouverture
d'une enquête.

ART. 5. Le plan desdites propriétés particulières,
indicatif des noms de chaque propriétaire, tels qu'ils
sont inscrits sur la matrice des rôles, reste déposé,
pendant huit jours, à la mairie de la commune où
les propriétés sont situées, afin que chacun puisse en
prendre connaissance. ( V. *Avertissement.* )


POURVOI. ART. 20, L. Le jugement ne pourra
être attaqué que par la voie du recours en cassation,
et seulement pour incompétence, excès de pouvoir
ou vices de forme du jugement. ( V. *Recours en cassation.* )


PRÉFET. Premier fonctionnaire du département.
Comme délégué du pouvoir central, il dirige tous les
services qui se rattachent à l'administration pure et
active.

Lorsqu'il s'agit de grands travaux à la charge du
gouvernement, du département et des communes,
il fait procéder à une enquête, de la manière indiquée *à ce mot :*

Pour les routes royales, les canaux, chemins de fer, canalisation de rivière, bassins et docks, à la charge du ministère des travaux publics.

Pour les autres établissements à la charge des autres ministères, il reçoit du gouvernement l'avant-projet des travaux, fesant connaître le tracé général, la ligne, les dispositions principales des ouvrages les plus importants et l'appréciation sommaire des dépenses.

A cet avant-projet, et suivant le cas, est joint un nivellement en largeur et un certain nombre de profils transversaux ; s'il s'agit d'un canal à point de partage, on indique les eaux qui doivent l'alimenter.

A cet avant-projet est joint, dans tous les cas, un mémoire descriptif, indiquant le but de l'entreprise et les avantages qu'on peut s'en promettre ; on y annexe le tarif des droits, dont le produit serait destiné à couvrir les frais des travaux projetés, si ces travaux devaient devenir la nature d'une concession.

Pour les travaux à la charge du département, le préfet propose au conseil général l'ouverture du projet, en lui soumettant les pièces ci-dessus indiquées. Ce dossier est ensuite soumis à l'approbation du gouvernement, accompagné de la délibération du conseil général, pour être livré à l'enquête prescrite. La commission mixte des travaux publics doit, dans tous les cas, donner son avis.

A la réception de toutes ces pièces, le préfet forme une commission de neuf membres au moins et de treize au plus, au chef-lieu du département que les travaux doivent traverser. Les membres de cette commission sont pris parmis les principaux propriétaires de terres, de bois, de mines, les négociants, les armateurs et les chefs d'établissements industriels ; il en désigne le président dès l'ouverture de l'enquête, et transmet au sous-préfet toutes les pièces du projet accompagnées d'un bordereau, d'un arrêté portant nomination des membres de la commission et renfermant les dispositions nécessaires pour l'accomplissement des formalités de l'enquête. (V. *Enquête*, *Plan.*)

Lorsque la commission a terminé ses opérations, elle adresse au préfet les pièces ci-dessus avec le bordereau, en forme un second, contenant, 1° les pièces du premier dossier avec son bordereau; 2° les registres contenant les observations auxquelles a pu donner lieu l'entreprise projetée; 3° le certificat de publications et d'affiches de l'avis qui a annoncé l'ouverture de l'enquête; 4° un exemplaire du journal dans lequel il aura été inséré; 5° la délibération du conseil municipal de chaque commune dont le territoire doit être traversé; 6° le procès-verbal des opérations de la commission; 7° le sous-préfet forme également un dossier des délibérations des chambres du commerce et des chambres consultatives d'arts et manufactures.

Le préfet joint à toutes ces pièces son avis particulier en forme d'arrêté, et le transmet à l'administration supérieure, pour provoquer, s'il y a lieu, la loi ou l'ordonnance qui devra autoriser l'exécution des travaux.

Lorsque la loi ou l'ordonnance est parvenue au préfet, cet administrateur doit examiner si les localités ou territoires sur lesquels les travaux doivent avoir lieu, y sont désignés. Si cette désignation ne résulte pas de la loi ou de l'ordonnance royale, il prendra un arrêté qui remplisse cette lacune, un second arrêté qui détermine les propriétés particulières auxquelles l'expropriation est applicable. Si le plan levé par les ingénieurs ou autres gens de l'art chargés de l'exécution des travaux, comprend plus d'un territoire de communes, il doit être scindé, attendu que les plans ne doivent être levés que pour la partie qui s'étend sur chaque commune. Chacun de ces plans doit indiquer les propriétés particulières, les noms de chaque propriétaire tels qu'ils sont inscrits sur la matrice des rôles. Ils sont transmis régulièrement à chaque maire qui les dépose à la mairie pendant huit jours. (V. *Dépôt.*)

L'envoi de ces plans doit être accompagné d'un arrêté spécial du préfet qui indique au maire les diverses formalités à remplir d'après les articles 5, 6, 7 et 12 de la loi du 3 mai 1841.

Le préfet nomme en même temps, pour chaque arrondissement, une commission d'expropriation qui se réunit dans le chef-lieu d'arrondissement. (V. *Sous-Préfet.*)

S'il n'y a pas proposition de changement, le préfet adresse le dossier de l'affaire au procureur du roi du tribunal civil de l'arrondissement, il y joint un état des déclarations de consentement à l'aliénation amiable, que les parties ont souscrites, afin qu'elles ne soient pas comprises dans le jugement d'expropriation.

Aussitôt que ce jugement a été prononcé, ce magistrat en adresse une expédition au préfet.

S'il n'y a pas eu proposition de changement au tracé, le préfet transmet au procureur du roi, dans les trois jours de la réception, le procès-verbal et toutes les pièces qui constatent l'accomplissement des formalités.

Lorsque le préfet a reçu du procureur du roi le jugement qui prononce l'expropriation, il le fait notifier, publier et afficher de la manière indiquée au mot *Jugement.*

Cette opération terminée, il transmet au sous-préfet la grosse du jugement transcrit, y joint la liste des seize jurés et des quatre jurés supplémentaires, l'original des notifications du jugement, le certificat de publications et d'affiches, le numéro du journal dans lequel le jugement a été inséré.

Ici s'arrêtent les opérations du préfet dont la suite est reprise par le sous-préfet de l'arrondissement, qui procède comme il est dit à ce mot, à moins que l'arrondissement dans lequel les travaux doivent avoir lieu soit celui du chef-lieu du département, et que le préfet y remplisse les fonctions de sous-préfet.

Lorsqu'une commune formera une demande en expropriation dans un intérêt purement communal, le préfet, sur le vu du procès-verbal du maire, ouvert en conformité de l'article 7 ( V. *Procès-verbal* ), accompagné de l'avis du conseil municipal et des observations du sous-préfet, prononcera en conseil de préfecture, comme il est dit ci-dessus et au mot *Sursis à la prise de possession*, sauf l'approbation de l'administration supérieure.

Il n'est pas nécessaire de convoquer la commission d'expropriation pour ces sortes de travaux; l'article 12 de la loi du 3 mai écarte cette formalité à l'égard des travaux des communes, mais elle maintient toutes les autres relatives à l'expropriation. (V. *Travaux.* )

Pendant les huit jours que dure le dépôt du plan parcellaire, à chaque mairie, la commission reçoit les observations des propriétaires et termine ses opérations dans dix jours, après quoi le procès-verbal est immédiatement adressé par le sous-préfet au préfet.

Lorsque le préfet a reçu du président de cette commission ( V. *Sous-préfet* ), le procès-verbal et tous les documents recueillis, sur le vu de ce procès-verbal et des documents y annexés, en vertu de l'article 11, il détermine, par un arrêté motivé, les propriétés qui doivent être cédées, et indique l'époque à laquelle il sera nécessaire d'en prendre possession.

Toutefois, dans le cas où il résulterait de l'avis de la commission, qu'il y aurait lieu de modifier le tracé des travaux ordonnés, le préfet surseoira jusqu'à ce qu'il ait été prononcé par l'administration supérieure.

L'administration supérieure pourra, suivant les circonstances, ou statuer définitivement, ou ordonner qu'il soit procédé de nouveau à tout ou partie des formalités prescrites par les articles précédents. ( V. *Dépôt, Publication, Commission.* )

PRISE DE POSSESSION. Sur le vu du procès-verbal de la commission et des documents y annexés, le préfet détermine, par un arrêté motivé, les propriétés qui doivent être cédées et indique l'époque à laquelle il sera nécessaire d'en prendre possession. ( V. *Sursis à la prise de possession.* )

Art. 41. La décision du jury, signée des membres qui y ont concouru, est remise par le président au magistrat directeur du jury qui la déclare exécutoire, statue sur les dépenses et envoie l'administration en possession de la propriété, à la charge par elle de se conformer aux disposition des articles 53, 54 et suivants. ( V. *Paiement de l'indemnité, Obstacle au paiement, Tarif.* )

PRISE DE POSSESSION PAR URGENCE. Art. 65. Lorsqu'il y aura urgence de prendre possession des terrains non bâtis qui seront soumis à l'expropriation, l'urgence sera spécialement déclarée par une ordonnance royale. ( V. *Jugement par urgence, Fixation définitive de l'indemnité par urgence, Tribunaux.* )

En cas d'urgence,

Art. 70. Sur le vu du procès-verbal de consignation et sur une nouvelle assignation, à deux jours de délai au moins, le président ordonne la prise de possession. ( V. *Tribunal.* )

PROCÈS-VERBAL. Un procès-verbal est un acte qui doit présenter le compte fidèle et exact des faits, circonstances et dépositions, reconnues et expliquées en présence de l'agent ou du fonctionnaire, du magistrat, de l'expert, ou de l'arbitre chargé de sa rédaction.

PROCÈS-VERBAL DE DÉPÔT. Ce dépôt est publié et affiché. ( V. *Dépôt.* )

Art. 7. Le maire certifie les publications et affiches; il mentionne, sur un procès-verbal qu'il ouvre à cet effet, et que les parties qui comparaissent sont requises de signer, les déclarations et réclamations qui lui ont été faites verbalement, et y annexe celles qui lui sont transmises par écrit. (V. *Commission.*)

*Modèle de procès-verbal, ouvert pour recevoir les décla-rations et réclamations des parties intéressées, pour ou contre le plan déposé à la Mairie.*

L'an mil huit cent quarante                    et le
Nous                    maire de la commune de
en vertu de l'arrêté du préfet de ce département, en date
du                    qui ordonne le dépôt, pendant huit jours, à la mairie , du plan parcellaire des propriétés situées sur le territoire
de cette commune et destinées aux travaux.

Et conformément aux articles 6 et 7 de la loi du 3 mai 1841,
le                    du courant, après avoir donné collectivement
avis aux parties intéressées de prendre communication du
plan déposé, comme il est dit ci-dessus, à la mairie de
cette commune, depuis      heures du matin jusqu'à      heures du soir ; après avoir fait le même jour publier cet avis à
son de trompe ou de caisse, l'avoir fait afficher, tant à la porte
principale de l'église, qu'à celle de la maison commune, et l'a-
voir fait , en outre, insérer dans un des journaux du département,

Avons ouvert le présent procès-verbal, auquel copie de l'a-
vis affiché, ainsi qu'un numéro du journal dans lequel il a été
inséré, seront annexés, pour recevoir les déclarations et réclamations qui nous seront faites verbalement par les parties
intéressées, et auquel nous avons annexé celles qui nous ont
été transmises par écrit et qui ont été signées par celles qui
ont su signer.

Ce jourd'hui           et le           du mois de   ,  à       heure
par devant nous maire de la commune de                    s'est
présenté le sieur                    propriétaire, désigné sur le plan déposé à cette mairie depuis le
Lequel après avoir pris connaissance de ce plan , nous a déclaré qu'il fesait élection de domicile dans la commune de
et qu'il n'avait rien à opposer au projet de
De laquelle déclaration nous avons pris acte qui a été signé
par le sieur           dûment requis en vertu de la loi.

Ce jourd'hui          et le          à           heures du matin
          par devant nous maire de la commune de
s'est présenté le sieur           lequel après avoir pris connaissance du plan et nous avoir déclaré qu'il fesait élection de
domicile à           nous a en même temps déclaré que la ligne des travaux aurait pu recevoir une meilleure direction, en
passant par les angles des propriétés des sieurs.

Ce jourd'hui           du mois de           à           heures du ma-

tin, dernier jour du délai pendant lequel le plan parcellaire ci-
dessus désigné est resté à la mairie,

Par devant nous maire de la commune de             s'est présenté le sieur

En conséquence, après avoir annexé au présent les déclarations ou réclamations citées, qui nous ont été transmises par
les sieurs                             sous la date du
avons clos le présent procès-verbal à             heures du soir,
pour être transmis, avec les pièces y désignées, à M. le préfet
du département.

Fait à             le             184

### Modèle du procès-verbal de la commission instituée par l'article 8 de la loi du 3 mai 1841.

( On croit devoir donner ce modèle pour faciliter la rédaction du
procès-verbal que la commission aura à dresser de ses opérations ; il
est établi suivant les circonstances qui pourront se produire dans le
cours de l'instruction, et sur les dispositions de la loi.

Ce jour d'hui             du mois de             mil huit cent quarante      Nous             sous-préfet de l'arrondissement de
             nous étant rendu dans l'une des salles de

Les membres de la commission nommée par arrêté de
M. le préfet en date du             conformément à l'article 8
de la loi du 3 mai 1841, dûment convoqués le             du
ont été présents             MM.             dont aucun ne
fait partie des propriétaires à exproprier.

Les membres présents étant de
nombre voulu par la loi, ont pris place au bureau sous notre
présidence, et nous avons déclaré la séance ouverte.

M. le président      a fait connaître à l'assemblée que, conformément à l'article 9 de la loi précitée, la commission avait
à recevoir pendant huit jours, à compter d'aujourd'hui, les
observations des propriétaires; qu'elle pourrait les appeler
toutes les fois qu'elle le jugerait convenable, et que ces opérations devaient être terminées dans dix jours, c'est-à-dire
deux jours après l'examen des observations faites dans le délai
ci-dessus par les propriétaires, sur lesquelles elle devait donner son avis, après quoi le procès-verbal serait clos.

Mais que dans le cas où lesdites opérations n'auraient pas
été mises à fin dans le délai ci-dessus, il devrait, dans les trois
jours, transmettre au préfet son procès-verbal et les documents recueillis.

A cet effet, M. le président a déposé sur le bureau : 1° le
plan du tracé des travaux de             2° L'arrêté du pré-

fet qui en a ordonné le dépôt à la mairie de la commune où les biens à exproprier sont situés ; 3° un exemplaire de l'avis qui a été affiché dans cette commune ; 4° le numéro du journal dans lequel cet avis a été inséré; 5° le certificat du maire qui constate ces publications; 6° le procès-verbal ouvert par ce fonctionnaire, renfermant toutes les déclarations et réclamations qui lui ont été faites, par les propriétaires intéressés, sur l'objet de ce plan; 7° Enfin, le dossier de l'enquête et l'ordonnance royale qui autorise les travaux.

La commission, après avoir examiné les diverses pièces ci-dessus indiquées,

Considérant

Est d'avis que

En conséquence, le présent procès-verbal a été clos pour être immédiatement transmis à M. le préfet du département.

A        le        184

**PROCUREUR** du roi. Magistrat chargé de protéger et de défendre, dans chaque tribunal d'arrondissement, l'ordre et les droits de la société; de poursuivre et de demander à la justice la punition des contraventions aux lois et réglements d'ordre public, de fidélité et de sûreté.

Lorsqu'il s'agit d'autoriser les représentants des incapables à consentir à l'aliénation des biens dont l'administration leur est confiée, le procureur du roi est entendu.

Ce magistrat requiert, et le tribunal prononce l'expropriation pour une cause d'utilité publique, lorsque toutes les formalités prescrites ont été remplies. (*V. Requête, Tribunaux.*)

**PROPRIÉTÉ.** (*Décret du 27 janvier* 1804, *promulgué le 6 février*). Art. 544 du code civil. La propriété est le droit de jouir et de disposer des choses, de la manière la plus absolue, pourvu qu'on n'en fasse pas un usage prohibé par les lois ou par les réglements.

Art. 2, L. Les propriétés auxquelles l'expropriation pour cause d'utilité est applicable, sont déterminées, préalablement à l'expropriation, par un arrêté du préfet. (V. *Tribunaux.*)

ART. 5. Elles sont indiquées dans le plan parcellaire des travaux. ( V. *Dépôt.* )

ART. 11. Sur le vu du procès-verbal de la commission, le préfet détermine, par un arrêté motivé, les propriétés qui doivent être cédées. ( V. *Sursis à la prise de possession.* )

PUBLICATIONS. ART. 6, L. Le délai de huitaine fixé par l'article précédent ( V. *Dépôt* ), ne court qu'à dater de l'avertissement qui est donné collectivement aux parties intéressées, de prendre communication du plan déposé à la mairie.

Cet avertissement est publié à son de trompe ou de caisse dans la commune, et affiché tant à la principale porte de l'église du lieu, qu'à celle de la maison commune.

Il est, en outre, inséré dans l'un des journaux publiés dans l'arrondissement, ou, s'il n'en existe aucun, dans l'un des journaux du département.

Le maire certifie ces publications. ( V. *Procès-verbal.* ) Le modèle de l'avertissement collectif, donné aux parties intéressées, qui doit être affiché et inséré dans l'un des journaux du département, se trouve au mot *Dépôt.*

### Modèle du certificat de publication.

Le maire de la commune de              certifie que les publications et affiches prescrites par l'article 6 de la loi du 3 mai 1841, ayant pour objet de faire connaître aux habitants et aux parties intéressées les mesures d'expropriation pour (*désigner littéralement l'objet du plan déposé à la mairie*) ont été faites le (*désigner le jour*) à son de trompe ou de caisse dans la commune, et apposées tant à la principale porte de l'église qu'à celle de la maison commune.

Le présent est délivré conformément à l'article 7 de la loi précitée, pour être joint au procès-verbal ouvert en vertu de cet article, et que nous avons clos ce jour.

A              le              184

QUITTANCE. Une quittance est un acte qui libère

le débiteur à l'égard de son créancier, de tout ou partie de son obligation.

ART. 56. La quittance relative à l'acquisition des terrains peut-être passée dans la forme des actes administratifs; la minute restera déposée au secrétariat de la préfecture, l'expédition en sera adressée à l'administration des domaines.

L'acquit donné par le créancier au bas d'un mandat délivré par l'ordonnateur secondaire pour à-compte ou pour solde de la créance, décharge le comptable envers l'administration de la responsabilité des deniers ainsi employés, mais il ne libère pas l'administration vis à-vis du créancier réel.

Les instructions sur la comptabilité veulent que les mandats de paiement des indemnités de terrain soient appuyés, savoir:

En cas de convention amiable: 1° de l'extrait de l'acte de vente; 2° de l'extrait de l'offre de l'administration, acceptée par la partie intéressée; 3° du certificat pour paiement délivré par l'ingénieur chargé de la direction et de la surveillance des travaux; 4° de l'extrait de la quittance souscrite par la partie intéressée ou du créancier; 5° le certificat de non inscription. Mais la partie intéressée recevra-t-elle pour paiement de sa créance, le mandat qui aura été délivré en son nom, sans que les espèces lui aient été remises? Dans le cas de la négative, faut-il appeler devant l'autorité administrative le receveur particulier des finances ou le percepteur qui doit apporter les espèces, recevoir immédiatement l'extrait de cette quittance et le mandat dûment acquitté par la partie prenante? Cette question qui n'est résolue nulle part, présentera souvent des difficultés; l'autorité supérieure pourrait en réclamer la solution.

La position de l'administration en pareil cas est difficile, parce que la loi ni les instructions ne l'ont prévu. En effet, la quittance peut être faite dans la forme des actes administratifs; en conséquence, lorsque le mandat de paiement est parvenu à l'autorité locale, celle-ci fait appeler le créancier et le comptable chargé d'en payer le montant, rédige la quittance en présence de la partie prenante, du comptable et de deux témoins, la fait signer et en donne expédition à la partie qui reçoit le mandat auquel cette pièce est annexée, et se rend à la caisse du comptable qui a assisté à l'acte, pour en toucher le montant. Le mandat acquitté et la quittance sont laissés au comptable en échange de la somme payée.

RACHAT, CONTRAT DE RACHAT. Acte par lequel on rachète ce qu'on a vendu.

ART. 61. Un avis publié de la manière indiquée en en l'article 6, fait connaître les terrains que l'administration est dans le cas de revendre. Dans les trois mois de cette publication, les anciens propriétaires qui veulent réacquérir la propriété desdits terrains, sont tenus de le déclarer; et, dans le mois de la fixation du prix, soit amiable, soit judiciaire, ils doivent passer le contrat de rachat et payer le prix, le tout à peine de déchéance du privilége que leur accorde l'article précédent. (V. *Terrains non utilisés.*)

*Modèle d'avis.*

Les terrains acquis pour les travaux de n'ont pas reçu cette destination, les anciens propriétaires ou leurs ayant-droit ( dénommés dans le tableau qui suit ) sont avertis qu'ils pourront en demander la remise, conformément à l'article 60 de la loi du 3 mai 1841. Le prix en sera fixé à l'amiable, et s'il n'y a pas accord, par le jury spécial, dans les formes prescrites par la loi.

A cet effet, dans les trois mois de la publication du présent avis, les anciens propriétaires qui veulent réacquérir la propriété desdits terrains, sont tenus de le déclarer, et dans le mois de la fixation du prix, soit amiable, soit judiciaire, ils devront passer le contrat de rachat et payer le prix, le tout à peine de déchéance du privilége qui leur est accordé.

*Etat nominatif des anciens propriétaires auxquels la remise des terrains qu'ils avaient été dans le cas de céder peut être accordée.*

| NOMS ET PRÉNOMS. | PROFESSIONS. | DOMICILE. | NUMÉRO de la matrice. | NUMÉRO de la section. | NATURE de culture. | CONTENANCE. | REVENU. |
|---|---|---|---|---|---|---|---|
| | | | | | | | |

Le présent sera publié à son de trompe ou de caisse dans la commune de        il sera affiché à la porte principale de l'église et de la maison commune, notifié collectivement aux propriétaires, et inséré dans un journal.

Fait à        en l'hôtel de la préfecture, le        184

**RECOURS EN CASSATION.** Art. 20. Le jugement ne pourra être attaqué que par la voie du recours en cassation, et seulement pour incompétence, excès de pouvoir ou vice de forme du jugement.

Le pourvoi aura lieu, au plus tard, dans les trois jours à dater de la notification du jugement, par déclaration au greffe du tribunal; il sera notifié dans la huitaine, soit à la partie, au domicile indiqué par l'article 15 (V. *Jugement d'expropriation*), soit au préfet ou au maire, suivant la nature des travaux, le tout à peine de déchéance.

Dans la quinzaine de la notification du pourvoi, les pièces seront adressées à la chambre civile de la cour de cassation, qui statuera dans le mois suivant.

L'arrêt, s'il est rendu par défaut à l'expiration de ce délai, ne sera pas susceptible d'opposition. (V. *Violation.*)

**FORME** du pourvoi. Le pourvoi doit être précédé de la consignation d'une somme de 150 fr., destinée au paiement de l'amende, si le pourvoi est rejeté.

Le § 3 de l'article ci-dessus, appelle la chambre
civile de la cour de cassation, à statuer sur le pourvoi
formé dans les trois jours de la notification du jugement attaqué. Cette disposition tient à la fois de la
forme du pourvoi contre les jugements rendus en matière civile, et contre les arrêts prononcés en matière
criminelle.

En matière civile, le pourvoi est formé trois mois
après la signification du jugement. ( *Loi du* 1<sup>er</sup> *décembre* 1790, *art.* 14. *Loi du 2 brumaire an* 13, *art.*
15 ), et c'est la chambre civile qui statue.

En matière criminelle, le pourvoi doit être formé
dans les trois jours de la prononciation du jugement
ou arrêt. ( *Code d'instruction criminelle, art.* 371
*et* 373. ) C'est la chambre criminelle qui prononce
l'arrêt.

En d'autres termes, l'article 20 de la loi du 3 mai
1841 a fixé, pour le pourvoi contre le jugement d'expropriation pour cause d'utilité publique, le délai qui
est accordé pour le pourvoi contre un arrêt prononcé
en matière criminelle.

C'est donc, au plus tard, dans les trois jours, à dater de la notification du jugement d'expropriation,
que le pourvoi doit avoir lieu par déclaration au greffe
du tribunal. Cette disposition se trouve également
dans la loi du 1<sup>er</sup> décembre 1790. Si le greffier refuse
de recevoir le pourvoi, on peut en faire la déclaration
devant un notaire. ( *Arrêt de la Cour de cassation du*
3 *janvier* 1812, *Journal du Palais, t.* 13, *p.* 2. )

Il doit être joint au pourvoi une requête dans laquelle sont énoncés les moyens de cassation. ( *Loi du*
1<sup>er</sup> *décembre* 1790, *art.* 507. )

Dans l'espèce, cette formalité est indispensable. Il
ne suffit pas d'énoncer vaguement que l'on attaque
le jugement, il faut démontrer l'incompétence, arti-
culer l'excès de pouvoir, détailler les vices de forme
du jugement.

Pourrait-on réparer l'omission de ces motifs es-
sentiels, par une requête d'ampliation? Il y a lieu

de le croire, si la requête était présentée dans le délai de 3 jours ; mais ce délai est bien court.

RÉCLAMATION. Acte par lequel on revendique la propriété d'un objet, la jouissance d'un droit, la nullité ou la rectification d'un autre acte.

Les réclamations des propriétaires compris sur le plan parcellaire des travaux d'utilité publique, contre la direction de ce plan, sont consignées ou annexées au procès-verbal du maire. (V. *Procès-verbal.*)

RÉGISSEUR. (V. *Jugement d'expropriation.*)

RÉGLEMENT des indemnités. Art. 28. Si les offres de l'administration ne sont pas acceptées dans les délais prescrits par les articles 24 et 27 (V. *Acceptation*, *Délai pour l'acceptation*), l'administration citera devant le jury, qui sera convoqué à cet effet, les propriétaires et tous autres intéressés qui auront été désignés ou qui seront intervenus, pour qu'il soit procédé au réglement des indemnités de la manière indiquée au chapitre suivant. La citation contiendra l'énonciation des offres qui auront été refusées. (V. *Citation*, *Clôture.*)

Art. 51. Si l'exécution des travaux doit procurer une augmentation de valeur immédiate et spéciale au restant de la propriété, cette augmentation sera prise en considération dans l'évaluation du montant de l'indemnité. (V. *Bâtiment.*)

Art. 49, L. Dans le cas où l'administration contesterait au détenteur exproprié le droit à une indemnité, le jury, sans s'arrêter à la contestation, dont il renvoit le jugement devant qui de droit, fixe l'indemnité comme si elle était due, et le magistrat directeur du jury en ordonne la consignation, pour ladite indemnité rester déposée, jusqu'à ce que les parties se soient entendues ou que le litige soit vidé. (V. *Litige sur le fond.*)

Art. 73. Après la prise de possession (en cas d'ur-

gence) il sera, à la poursuite de la partie la plus dili-
gente, procédé à la fixation définitive de l'indemnité,
en exécution du titre IV de la présente loi. (V. *Jury.*)

Art. 74. Si cette fixation est supérieure à la somme
qui a été déterminée par le tribunal, le supplément
doit être consigné dans la quinzaine de la notification
de la décision du jury, et, à défaut, le propriétaire peut
s'opposer à la continuation des travaux.

REMISE DE TERRAINS. (V. *Terrain*, art. 60.)

RENOUVELLEMENT DU TABLEAU DES JURÉS. (V.
*Conseil génér al.*)

REQUÊTE. Acte par lequel on expose à la justice
l'objet et les motifs de sa demande.

Requête du procureur du roi au tribunal, lorsque
le dossier de l'expropriation lui a été adressé par le
préfet.

Art. 14. Dans les trois jours, et sur la production
des pièces constatant que les formalités prescrites par
l'article 2 du titre I<sup>er</sup> et par le titre II de la présente
loi, ont été remplies, le procureur du roi requiert et
le tribunal prononce l'expropriation pour cause d'utilité publique des terrains ou bâtiments indiqués
dans l'arrêté du préfet.

Si, dans l'année de l'arrêté du préfet, l'administration n'a pas poursuivi l'expropriation, tout propriétaire dont les terrains sont compris audit arrêté, peut
présenter requête au tribunal. Cette requête sera communiquée par le procureur du roi au préfet, qui devra, dans le plus bref délai, envoyer les pièces, et
le tribunal statuera dans les trois jours.

Le même jugement commet un des membres du
tribunal pour remplir les fonctions attribuées, par le
titre IV, chap. 2, au magistrat directeur du jury chargé
de fixer l'indemnité, et désigne un autre membre
pour le remplacer au besoin.

En cas d'absence ou d'empêchement de ces deux magistrats, il sera pourvu à leur remplacement par une ordonnance sur requête du président du tribunal civil.

Dans le cas où les propriétaires à exproprier consentiraient à la cession, mais où il n'y aurait point accord sur le prix, le tribunal donnera acte du consentement, et désignera le magistrat directeur du jury, sans qu'il soit besoin de rendre le jugement d'expropriation ni de s'assurer que les formalités prescrites par le titre II, ont été remplies.

ROUTES DÉPARTEMENTALES. Leur classement ne peut avoir lieu sans que le vote du conseil général ait été précédé d'une enquête. La loi du 20 mars 1835 s'exprime ainsi :

Art. 1er. A l'avenir, aucune route ne pourra être classée au nombre des routes départementales, sans que le vote du conseil général ait été précédé de l'enquête prescrite par l'article 3 de la loi du 7 juillet 1833 (abrogée par celle du 3 mai 1841); cette enquête sera faite par l'administration, ou d'office, sur la demande du conseil général.

Art. 2. Les votes émis jusqu'à la promulgation de la présente loi, quoiqu'ils n'aient pas été précédés de la susdite enquête, pourront être approuvés par une ordonnance du roi, suivant les formes prescrites par le décret du 16 décembre 1811.

Art. 3. Les dispositions qui précèdent auront lieu sans préjudice des mesures d'administration prescrites par le titre II de la loi du 7 juillet 1833, relatives à l'expropriation.

SÉANCE. (V. *Discussion.*) Art. 37. Le magistrat directeur met sous les yeux du jury :

1° Le tableau des offres et demandes notifiées en exécution des articles 23 et 24.

2° Les plans parcellaires et les titres ou autres documents produits par les parties à l'appui de leurs offres et demandes.

Les parties ou leurs fondés de pouvoir, peuvent présenter sommairement leurs observations.

Le jury pourra entendre toutes les personnes qu'il croira pouvoir l'éclairer.

Il pourra également se transporter sur les lieux, ou déléguer à cet effet un ou plusieurs de ses membres.

La discussion est publique, elle peut être continuée à une autre séance.

**SEPTUAGÉNAIRE.** Celui qui est âgé de soixante-dix ans révolus.

Les septuagénaires seront dispensés, s'ils le requièrent, des fonctions de juré.

**SERMENT** promissoire. Art. 36. Lorsque le jury est constitué, chaque juré prête serment de remplir ses fonctions avec impartialité.

**SOUS-PRÉFET.** Art. 8. Le sous-préfet envoit immédiatement au préfet le procès-verbal de la commission d'expropriation qu'il a présidée dans l'arrondissement, en vertu de l'article 8 de la loi.

Dans le cas où lesdites opérations n'auraient pas été mises à fin dans la huitaine prescrite par ledit article 8, le sous-préfet transmet au préfet, dans les trois jours qui suivent ce délai, le procès-verbal de la commission, et les documents qu'il a recueillis.

Mais si la commission propose quelque changement au tracé indiqué par les ingénieurs, il devra, dans la forme indiquéée par l'article 56 (V. *Dépôt et Publications*), en donner immédiatement avis aux propriétaires que ces changements pourront intéresser. Pendant une autre huitaine à dater de cet avertissement, le procès-verbal de la commission et les pièces resteront déposées à la sous-préfecture, les parties intéressées pourront en prendre communication sans déplacement et sans frais, et fournir leurs observations écrites.

Dans les trois jours suivants, le sous-préfet transmettra toutes les pièces à la préfecture. (V. *Préfet*.)

Conformément à l'article 31 de la loi, et lorsqu'il a reçu du préfet la liste des seize jurés et des quatre jurés supplémentaires, le sous-préfet se concerte avec le magistrat directeur du jury , pour fixer le jour, le lieu et l'heure de la réunion , convoque les jurés et les parties au moins huit jours à l'avance, et dans la notification de cette réunion aux parties, il leur fait connaître les noms des jurés.

Lorsque cette formalité est remplie, le sous-préfet réunit les pièces suivantes, et forme le dossier de cette opération.

1° La liste des 20 jurés, y compris les 4 jurés supplémentaires.

2° L'original de la notification aux parties du jour de la réunion des jurés.

3° Celui de la même notification aux jurés.

4° La grosse du jugement d'expropriation.

5° Les autres pièces qu'il a reçues précédemment du préfet. Ce fonctionnaire renvoit le tout au procureur du roi près le tribunal de l'arrondissement, qui le renvoit au magistrat directeur du jury.

Dans le cas d'une demande en expropriation formée par le maire de la commune dans un intérêt purement communal, le sous-préfet vise cette demande ainsi que l'avis du conseil municipal sur son objet, y joint le procès-verbal prescrit par l'article 7 de la loi (V. *Publications*) ainsi que ses observations particulières, et transmet le tout au préfet. (V. *Préfet*.)

SURSIS A LA PRISE DE POSSESSION. ART. 11. Sur le vu du procès-verbal et des documents y annexés, le préfet détermine , par un arrêté motivé, les propriétés qui doivent être cédées, et indique l'époque à laquelle il sera nécessaire d'en prendre possession. Toutefois , dans le cas où il résulterait de l'avis de la commission, qu'il y aurait lieu de modifier le tracé des travaux ordonnés, le préfet surseoira jusqu'à ce qu'il ait été prononcé par l'administration supérieure.

L'administration supérieure pourra, suivant les circonstances, ou statuer définitivement, ou ordonner qu'il soit procédé de nouveau à tout ou partie des formalités prescrites par les articles précédents. (V. *Commission.*)

TARIF des frais et dépens qui seront faits pour l'exécution de la loi du 3 mai 1841.

Le § 2 de l'article 40 de cette loi, porte que le magistrat directeur du jury « taxe les dépens dont le tarif est déterminé par un réglement d'administration publique. »

Ce tarif, en date du 18 septembre 1833, n'a pas encore été modifié, il ne paraît pas qu'il doive l'être. D'ailleurs, d'après quel autre tarif pourrait-on régler la taxe des actes faits en vertu de la loi du 3 mai 1841, qui abroge expressément celle du 18 septembre 1833, dont le teneur suit:

« La taxe de tout acte fait en vertu de la loi, sera réglée par le tarif ci-après.

### Chapitre premier. —DES HUISSIERS.

**ART. 1er.** Il sera alloué à tous huissiers, un franc pour l'original.

1° De la notification de l'extrait du jugement d'expropriation aux personnes désignées dans les articles 15 et 22 de la loi du 7 juillet 1833.

2° De la signification de l'arrêt de la cour de cassation (art. 20 et 42 de ladite loi).

3° De la dénonciation de l'extrait du jugement d'expropriation aux ayant-droits mentionnés aux articles 21 et 22.

4° De la notification de l'arrêté du préfet qui fixe la somme offerte pour indemnité (art. 23).

5° De l'acte contenant acceptation des offres faites

par l'administration, avec signification, s'il y a lieu, des autorisations requises (art. 24, 25 et 26).

6° De l'acte portant convocation des jurés et des parties, avec notification aux parties d'une expédition de l'arrêt par lequel la cour royale a formé la liste du jury (art. 31 et 33).

7° De la notification au juré défaillant de l'ordonnance du directeur du jury qui l'a condamné à l'amende (art. 32).

8° De la notification de la décision du jury revêtue de l'ordonnance d'exécution (art. 41).

9° De la sommation d'assister à la consignation, dans le cas où il n'y aura pas eu d'offres réelles (art. 54).

10° De la sommation au préfet pour qu'il soit procédé à la fixation de l'indemnité (art. 55).

11° De l'article contenant réquisition par le propriétaire de la consignation des sommes offertes, dans le cas où cette réquisition n'a pas été faite par l'acte même d'acceptation (art. 59).

12° Et généralement de tous actes simples auxquels pourra donner lieu l'expropriation.

Art. 2. Il sera alloué à tous huissiers, un franc cinquante centimes pour l'original,

1° De la notification du pourvoi en cassation formé soit contre le jugement d'expropriation, soit contre la décision du jury (art. 20 et 42.)

2° De la dénonciatiation faite au directeur du jury, par le propriétaire ou l'usufruitier, des noms et qualités des ayant-droits mentionnés au § 1er de l'article 21 de la loi précitée (art. 21 et 22.)

3° De l'acte par lequel les parties intéressées font connaître leurs reclamations (art. 18, 21, 39, 52 et 54.)

4° De l'acte d'acceptation des offres de l'administration, avec réquisition de consignation (art. 24 et 59.)

5° De l'acte par lequel la partie qui refuse les offres de l'administration, indique le montant de ses prétentions (art. 17, 24, 28 et 58 )

6° De l'opposition formée par un juré à l'ordonnance

du magistrat directeur du jury, qui l'a condamné à l'amende (art. 52.)

7° De la réquisition du propriétaire tendant à l'acquisition de la totalité de son immeuble (art. 50.)

8° De la demande à fin de retrocession des terrains non employés à des travaux d'utilité publique (art. 60 et 61.)

9° De la demande tendant à ce que l'indemnité d'une expropriation déjà commencée soit reglée conformément à la loi du 7 juillet 1833 (art. 68.)

10° Enfin de tous actes qui, par leur nature, pourront être assimilés à ceux dont l'énumération précède.

Art. 3. Il sera alloué à tous huissiers pour l'original,

1° Du procès-verbal d'offres réelles, contenant le refus ou l'acceptation des ayant-droits et sommation d'assister à la consignation (art. 53.) . . 2 fr., 25 c.

2° Du procès-verbal de consignation, soit qu'il y ait eu ou non des offres réelles (art. 49, 53 et 54.) .4 fr.

Art. 4. Il sera alloué pour chaque copie des exploits ci-dessus, le quart de la somme fixée pour l'original.

Art. 5. Lorsque les copies des pièces dont la notification a lieu en vertu de la loi, seront certifiées par l'huissier, il lui sera payé trente centimes pour chaque rôle évalué à raison de 28 lignes à la page et 14 à 16 syllabes à la ligne (art. 57.)

Art. 6. Les copies des pièces déposées dans les archives de l'administration, qui seront réclamées par les parties dans leur intérêt pour l'exécution de la loi, et qui seront certifiées par les agents de l'administration, seront payées à l'administration sur le même taux que les copies certifiées par les huissiers.

7. Il sera alloué à tous huissiers cinquante centimes pour visa de leurs actes, dans le cas où cette formalité est prescrite.

Ce droit sera double, si le refus du fonctionnaire qui doit donner le visa oblige l'huissier à se transporter auprès d'un autre fonctionnaire.

8. Les huissiers ne pourront rien réclamer pour le

papier des actes par eux notifiés, ni pour l'avoir fait viser pour timbre.

Ils emploieront du papier d'une dimension égale au moins à celle des feuilles assujetties au timbre de soixante-dix centimes.

## Chapitre 2. — DES GREFFIERS.

ART. 9. Tous extraits ou expéditions délivrés par les greffiers en matière d'expropriation pour cause d'utilité publique, seront portés sur papier d'une dimension égale à celle des feuilles assujetties au timbre de un franc vingt-cinq centimes.

Ils contiendront 28 lignes à la page et 14 à 16 syllabes à la ligne.

ART. 10. Il sera alloué aux greffiers quarante centimes pour chaque rôle d'expédition ou d'extrait.

ART. 11. Il sera alloué aux greffiers, pour la rédaction du procès-verbal des opérations du juge spécial, cinq francs pour chaque affaire terminée par décision du jury rendue exécutoire.

Néanmoins cette allocation ne pourra jamais excéder quinze francs par jour, quelque soit le nombre des affaires, et, dans ce cas, ladite somme de quinze francs sera répartie également entre chacune des affaires terminées le même jour.

ART. 12. L'état des dépens sera rédigé par le greffier; celle des parties qui requerra la taxe durant dans les trois jours qui suivront la décision du jury, remettra au greffier toutes les pièces justificatives.

Le greffier paraphera chaque pièce admise en taxe, avant de la remettre à la partie.

ART. 13. Il sera alloué au greffier, dix centimes pour chaque article de l'état des dépens, y compris le paraphe des pièces.

ART. 14. L'ordonnance d'exécution du magistrat directeur du jury indiquera la somme des dépens taxés et la proportion dans laquelle chaque partie devra les supporter.

Art. 15. Au moyen des droits ci-dessus accordés aux greffiers, il ne leur sera alloué aucune autre rétribution à aucun titre, sauf les droits de transport dont il sera parlé ci-après; et ils demeureront chargés :

1° Du traitement des commis-greffiers, s'il était besoin d'en établir pour le service des assises spéciales;

2° De toutes les fournitures de bureau nécessaires pour la tenue de ces assises;

3° De la fourniture du papier des expéditions ou extraits, qu'ils devront aussi faire viser pour timbre.

*Chapitre 3.* — DES INDEMNITÉS DE TRANSPORT.

Art. 16. Lorsque les assises spéciales se tiendront ailleur que dans la ville où siège le tribunal, le magistrat directeur du jury aura droit à une indemnité fixée de la manière suivante :

S'il se transporte à plus de cinq kilomètres de sa résidence, il recevra pour tous frais de voyage, de nourriture et de séjour, une indemnité de neuf francs par jour.

S'il se transporte à plus de deux myriamètres, l'indemnité sera de douze francs par jour.

Art. 17. Dans le même cas, le greffier ou son commis assermenté recevra six ou huit francs par jour, suivant que le voyage sera de plus de cinq kilomètres, ou de plus de deux myriamètres, ainsi qu'il est dit dans l'article précédent.

Art. 18. Les jurés qui se transporteront à plus de deux kilomètres du lieu où se tiendront les assises spéciales, pour les descentes sur les lieux, autorisées par l'article 37 de la loi du 7 juillet 1833, recevront, s'ils en font la demande formelle, une indemnitée qui sera fixée, pour chaque myriamètre parcouru, en allant et revenant, à deux francs cinquante centimes. Il ne leur sera rien alloué pour toute autre cause que ce soit, à raison de leurs fonctions, si ce n'est dans le cas de séjour forcé en route, comme il est dit ci-après, article 24.

ART. 19. Les personnes qui seront appelées pour éclairer le jury, conformément à l'article 37 précité, recevront, si elles le requièrent, savoir :

Quand elles ne seront pas domiciliées à plus d'un myriamètre du lieu où elles doivent être entendues, pour indemnité de comparution, un franc cinquante centimes ;

Quand elles seront domiciliées à plus d'un myriamètre, pour indemnité du voyage, lorsqu'elles ne seront pas sorties de leur arrondissement, un franc par myriamètre parcouru en allant et revenant ; et lorsqu'elles seront sorties de leur arrondissement, un franc cinquante centimes.

Dans le cas où l'indemnité de voyage est allouée, il ne doit être accordé aucune taxe de comparution.

ART. 20. Les personnes appelées devant le jury, qui reçoivent un traitement quelconque à raison d'un service public, n'auront droit qu'à l'indemnité du voyage, s'il y a lieu, et si elles la requièrent.

ART. 21. Les huissiers qui instrumenteront dans les procédures en matière d'expropriation pour cause d'utilité publique, recevront, lorsqu'ils seront obligés de se transporter à plus de deux kilomètres de leur résidence, un franc cinquante centimes pour chaque myriamètre parcouru en allant et en revenant, sans préjudice de l'application de l'article 35 du décret du 14 juin 1813.

ART. 22. Les indemnités de transport ci-dessus établies seront réglées par myriamètre et demi-myriamètre. Les fractions de huit ou neuf kilomètres seront comptées pour un myriamètre, et celles de trois à huit kilomètres pour un demi-myriamètre.

ART. 23. Les distances seront calculées d'après le tableau dressé par les préfets, conformément à l'article 93 du décret du 18 juin 1811.

ART. 24. Lorsque les individus dénommés ci-dessus seront arrêtés dans le cours du voyage, par force majeure, ils recevront en indemnité, pour chaque jour de séjour forcé, savoir :

Les jurés, deux francs cinquante centimes.

Les personnes appelées devant le jury, et les huissiers, un franc cinquante centimes.

Ils seront tenus de faire constater par le juge de paix, et à son défaut par l'un des suppléants, ou par le maire, et à son défaut par l'un de ses adjoints, la cause du séjour forcé en route, et d'en représenter le certificat à l'appui de leur demande en taxe.

Art. 25. Si les personnes appelées devant le jury sont obligées de prolonger leur séjour dans le lieu où se fait l'instruction, et que ce lieu soit éloigné de plus d'un myriamètre de leur résidence, il leur sera alloué, pour chaque journée, une indemnité de deux francs.

Art. 26. Les indemnités des jurés et des personnes appelées pour éclairer le jury seront acquittées comme frais urgents, par le receveur de l'enregistrement, sur un simple mandat du magistrat directeur du jury, lequel mandat devra, lorsqu'il s'agira d'un transport, indiquer le nombre de myriamètres parcourus, et dans tous les cas, faire mention expresse de la demande d'indemnité.

Art. 27. Seront également acquittées par le receveur de l'enregistrement, les indemnités de déplacement que le magistrat directeur du jury et son greffier pourront réclamer, lorsque la réunion du jury aura lieu dans une commune autre que le chef-lieu judiciaire de l'arrondissement. Le paiement sera fait sur un état certifié et signé par le magistrat directeur du jury, indiquant le nombre des journées employées au transport, et la distance entre le lieu où siége le jury et le chef-lieu judiciaire de l'arrondissement.

Art. 28. Dans tous les cas, les indemnités de transport allouées au magistrat directeur du jury et au greffier, resteront à la charge, soit de l'administration, soit de la compagnie concessionnaire, qui aura provoqué l'expropriation, et ne pourront entrer dans la taxe des dépens.

## Chapitre 4. — DISPOSITIONS GÉNÉRALES.

Art. 29. Il ne sera alloué aucune taxe aux agents de

l'administration autorisés, par la loi du 7 juillet 1833, à instrumenter concurremment avec les huissiers.

ART. 30. Le greffier tiendra exactement note des indemnités allouées aux jurés et aux personnes qui seront appelées pour éclairer le jury, et en portera le montant dans l'état de liquidation des frais.

ART. 31. L'administration de l'enregistrement se fera rembourser de ses avances comprises dans la liquidation des frais, par la partie qui sera condamnée aux dépens, en vertu d'un exécutoire délivré par le magistrat directeur du jury, et selon le mode usité pour le recouvrement des droits dont la perception est confiée à cette administration.

Quant aux indemnités de transport payées au magistrat directeur du jury et au greffier, et qui, suivant l'article 28 ci-dessus, ne pourront entrer dans la taxe des dépens, elle en sera remboursée, soit par l'administration, soit par la compagnie concessionnaire qui aura provoqué l'expropriation.

ART. 32. Notre Garde des Sceaux, Ministre de la justice, notre Ministre du commerce et des travaux publics et notre Ministre des finances, sont chargés, chacun en ce qui le concerne, de l'exécution de la présente ordonnance, qui sera insérée au *Bulletin des lois*.

TERRAINS RESTÉS DISPONIBLES APRÈS L'EXÉCUTION DES TRAVAUX. ART. 62. Les dispositions des articles 60 et 61 ne sont pas applicables aux terrains qui auront été acquis sur la réquisition du propriétaire, en vertu de l'article 50, et qui resteraient disponibles après l'exécution des travaux.

Il résulte du rapprochement des articles 13 (V. *Aliénation*), 50 (V. *Acquisition*), et 62 ci-dessus, que si les terrains ou bâtiments acquis forcément par l'administration en vertu de l'article 50, ne sont pas demandés par les anciens propriétaires, ils deviennent la propriété de l'État et ne peuvent être aliénés par le Ministre des finances que sur la proposition de l'intendant de la liste civile; que si ces terrains ont été acquis pour des travaux à la charge du département, ils sont également devenus sa propriété, et dès lors, le préfet ne peut les aliéner s'il n'y est autorisé par délibération du conseil général.

Enfin, si ces biens ont été acquis par une commune ou un établissement public, ils ne peuvent être aliénés par les maires ou administrateurs, s'ils n'y sont autorisés par délibération du conseil municipal ou du conseil d'administration, approuvée par le préfet en conseil de préfecture.

Est-ce que le motif d'expropriation pour cause d'utilité publique, dans le cas des aliénations qui précèdent, peuvent changer le principe? Parce que ces aliénations seraient occasionnées par un autre motif que l'expropriation, devrait-il s'en suivre que les mêmes formalités ne fussent pas accomplies? N'y aurait-il pas toujours aliénation.

Il est démontré que les autorisations d'aliéner sont indispensables dans tous les cas.

Art. 60. Si les terrains acquis pour des travaux d'utilité publique ne reçoivent pas cette destination, les anciens propriétaires ou leurs ayant-droit peuvent en demander la remise.

Le prix des terrains rétrocédés est fixé à l'amiable, et, s'il n'y a pas accord, par le jury dans la forme ci-dessus prescrite. La fixation par le jury ne peut, en aucun cas, excéder la somme moyennant laquelle les terrains ont été acquis. (V. *Consignation.*)

TIMBRE, visa pour timbre. Art. 58. Les plans, procès-verbaux, certificats, significations, jugements, contrats, quittances, et autres actes faits en vertu de la présente loi, seront visés pour timbre et enregistrés gratis, lorsqu'il y aura lieu à l'enregistrement.

Il ne sera perçu aucun droit pour la transcription des actes au bureau des hypothèques.

Les droits perçus sur les acquisitions amiables faites antérieurement aux arrêtés du préfet seront restitués, lorsque dans le délai de deux ans à partir de la perception, il sera justifié que les immeubles acquis sont compris dans ces arrêtés; la restitution des droits ne pourra s'appliquer qu'à la partie des immeubles qui aura été reconnue nécessaire à l'exécution des travaux.

L'administration de l'enregistrement reconnaît que tout jugement d'expropriation pour cause d'utilité publique doit être enregistré gratis. Mais il n'en est pas de même pour les contrats de vente amiable qu'elle regarde comme sujets au droit proportionnel, lorsque ces actes n'ont pas été précédés d'une ordonnance ou d'une loi qui déclare l'utilité publique. C'est une erreur. (V. *Convention amiable*, *Contrat de vente*.)

La loi du 16 juin 18.4 frappait d'un droit de dix francs les actes d'acquisition de terrains destinés aux routes départementales ; une décision de M. le Ministre des finances du 7 janvier 1828, déclara que ces actes seraient enregistrés gratis, ainsi que le veut l'article 70 de la loi du 22 frimaire an 7. La régie prétendit alors que les actes de cette nature seraient au moins sur papier timbré, mais une nouvelle décision du Ministre des finances, conséquent avec le principe qu'il avait admis le 7 janvier 1828, déclare encore que les actes d'acquisitions dont il est parlé plus haut, seraient visés pour timbre seulement, conformément à l'article 70 de la loi du 22 frimaire an 7.

Si l'on suppose, comme cela arrive tous les jours, que des contrats de vente seront passés par l'administration pour l'acquisition des terrains cédés à des routes royales, départementales et chemins vicinaux de grande communication ou chemins vicinaux dans un intérêt purement communal, il suffit que le préfet prenne un arrêté motivé (V. *Sursis à la prise de possession*), pour que l'acte de vente puisse être passé d'après ce qui précède.

Quelque soit le fonctionnaire administratif ou notaire qui le reçoive, le papier doit être visé pour timbre, et l'acte enregistré gratis. (V. *Actes administratifs.*)

Il n'est pas nécessaire d'ouvrir une enquête, de

provoquer une loi ou une ordonnance royale, surtout lorsqu'il ne s'agit que de redresser ou rectifier des alignements, l'approbation de l'arrêté du préfet par l'autorité supérieure suffit.

TITRES. (V. *Hypothèques.*)

TRACÉ. (V. *Plan.*)

TRANSCRIPTION. La transcription est la copie littérale que le conservateur du bureau des hypothèques fait, sur ses registres, d'un acte translatif de la propriété d'un immeuble situé dans l'arrondissement du bureau.

ART. 16. Le jugement (d'expropriation) sera immédiatement, après l'accomplissement des formalités prescrites par l'article 51 de la présente loi, transcrit au bureau de la conservation des hypothèques de l'arrondissement, à l'article 2181 du code civil. (V. *Hypothèques, Inscription.*)

TRAVAUX D'UTILITÉ PUBLIQUE. Les travaux d'utilité publique sont ceux qui sont exécutés, sous les ordres et sous la surveillance de l'administration, par des hommes qu'elle a choisis.

Ils ne sont adjugés que lorsque l'autorité supérieure en a approuvé les projets et voté des fonds pour leur exécution.

Tous grands travaux publics, routes royales, canaux, chemins de fer, canalisation de rivière, bassins et docks entrepris par l'État, les départements, les communes ou par compagnies particulières avec ou sans péage, avec ou sans subside du trésor, avec ou sans aliénation du domaine public, ne pourront être exécutés qu'en vertu d'une loi qui ne sera rendue qu'après une enquête administrative.

Une ordonnance royale suffira pour autoriser l'exécution des routes départementales. (V. *Routes dépar-*

*tementales*), celles des canaux et chemins de fer, d'embranchement de moins de vingt mille mètres de longueur, des ponts et de tous autres travaux de moins d'importance.

Cette ordonnance devra également être précédée d'une enquête.

Ces enquêtes auront lieu dans la forme déterminée par un réglement d'administration publique. (V. *Enquête.*)

TRAVAUX d'intérêt purement communal. L'ordonnance royale du 23 août 1835, ci-après transcrite, indique les formalités qui doivent précéder les entreprises des travaux d'intérêt purement communal.

« Louis-Philippe, etc...

Vu l'article 3 de la loi.... sur l'expropriation pour cause d'utilité publique. — Vu l'ordonnance royale du 18 février 1834, portant réglement sur les formalités des enquêtes qui doivent précéder la loi ou l'ordonnance déclarative de l'utilité publique ; — Considérant que cette ordonnance s'appliquant aux travaux projetés dans un intérêt général, prescrit des formalités dont quelques-unes seraient sans objet ou incomplètes en ce qui concerne les travaux d'intérêt purement communal ou même départemental.

« Art. 1er. Les enquêtes qui, aux termes du paragraphe 3 de l'article 3 de la loi du 7 juillet 1833 (abrogée par la loi du 3 mai 1841), doivent précéder les entreprises des travaux publics dont l'exécution doit avoir lieu en vertu d'une ordonnance royale, seront soumises aux formalités ci-après déterminées pour les travaux proposés par un conseil muicipal dans l'intérêt exclusif de sa commune.

« Art. 2. L'enquête s'ouvrira sur un projet où l'on fera connnaître le but de l'entreprise, le tracé des travaux, les dispositions principales des ouvrages, et l'appréciation sommaire des dépenses.

« Art. 3. Ce projet sera déposé à la mairie pendant quinze jours, pour que chaque habitant puisse en prendre connaissance ; à l'expiration de ce délai, un commissaire désigné par le préfet, recevra à la mairie, pendant trois jours consécutifs, les déclarations des habitants sur l'utilité publique des travaux projetés. Les délais ci-dessus prescrits pour le dépôt des pièces à la mairie, et pour la durée de l'enquête, pourront être prolongés par le préfet. Dans tous les cas, ces délais ne courront qu'à dater de l'avertissement donné par la voie de publication et d'affiches. Il sera justifié de l'accomplissement de cette formalité par un certificat du maire.

« Art. 4. Après avoir clos et signé le registre de ces déclarations, le commissaire le transmettra immédiatement au maire, avec son avis motivé et les autres pièces qui auront servi de base à l'enquête.

« Si le registre d'enquête contient des déclarations contraires à l'adoption des projets, ou si l'avis du commissaire lui est opposé, le conseil municipal sera appelé à l'examiner et émettra son avis par une délibération motivée, dont le procès-verbal sera joint aux pièces. Dans tous les cas, le maire adressera immédiatement les pièces au sous-préfet, et celui-ci au préfet avec son avis motivé.

« Art. 5. Le préfet, après avoir pris, dans le cas prévu par les réglements, l'avis des chambres de commerce et des chambres consultatives des arts et manufactures dans le lieu où il en est établi, enverra le tout à notre ministre de l'intérieur avec son avis motivé, pour, sur son rapport, être statué par nous sur la question d'utilité publique des travaux, conformément aux dispositions de la loi du 7 juillet 1833 (remplacée par celle du 3 mai 1841.) »

Art. 75, L. Les formalités prescrites par les titres 1 et 2 de la présente loi ne sont applicables ni aux travaux militaires ni aux travaux de la marine royale.

Pour ces travaux, une ordonnance royale détermine les terrains qui sont soumis à l'expropriation.

Art. 76, L. L'expropriation ou l'occupation temporaire, en cas d'urgence, des propriétés privées qui

seront jugées nécessaires pour présser des travaux de
fortification, continueront d'avoir lieu conformément
aux dispositions prescrites par la loi du 30 mars 1831.
(**V.** *Cette loi à la fin de cet ouvrage.*)

**TRIBUNAUX.** Les tribunaux ne peuvent prononcer l'expropriation qu'autant que l'utilité en a été constatée et déclarée dans les formes prescrites par la présente loi.

Ces formes consistent :

1° Dans la loi ou l'ordonnance royale qui autorise l'exécution des travaux pour lesquels l'expropriation est requise.

2° Dans l'acte du préfet qui désigne les localités ou territoires sur lesquels les travaux doivent avoir lieu, lorsque cette désignation ne résulte pas de la loi ou de l'ordonnance royale.

3° Dans l'arrêté ultérieur par lequel le préfet détermine les propriétés particulières auxquelles l'expropriation est applicable.

Cette application ne peut être faite à aucune propriété particulière, qu'après que les parties intéressées ont été mises en état d'y fournir leurs contredits, selon les règles exprimées au titre 2.

D'après les dispositions de cet article, et pour que le tribunal qui prononcera l'expropriation ne rencontre aucune difficulté à rendre son jugement, il faut que le dossier des pièces produites en vertu de l'article 14 soit complet. (**V.** *Requête.*)

En conséquence, ce dossier devra comprendre, outre une pièce indiquée par les § 1, 2, 3 de l'article 2 ci-dessus, celles qui sont déterminées par le titre 2, savoir :

1° Le plan parcellaire des terrains ou des édifices, indiquant les noms des propriétaires.

2° Le certificat du maire constatant que les publications exigées et prescrites par l'article 6 ont été faites aux personnes intéressées, aux lieux et dans les délais déterminés, ainsi que le numéro du journal dans lequel cette publication a été insérée.

3° Le procès-verbal du maire exigé par l'article 7, contenant toutes les déclarations et réclamations des parties qui comparaissent; celles qui lui sont transmises par écrit et qui doivent être signées, lorsque les parties ont déclaré ne savoir signer; cette circonstance doit être constatée.

4° Le procès-verbal de la commission instituée par l'article 8.

5° L'arrêté motivé du préfet qui détermine les propriétés qui doivent être cédées, et indique l'époque à laquelle il sera nécessaire d'en prendre possession.

6° S'il y a proposition de modification au tracé, le dossier devra contenir l'avis qui a été donné collectivement par le sous-préfet aux parties intéressées et le procès-verbal de ce fonctionnaire constatant l'accomplissement de cette formalité.

7° Si ces modifications ont été approuvées par l'autorité supérieure, copie de la décision approbative.

8° Si l'administration supérieure prescrit de procéder de nouveau à tout ou partie des formalités exigées, cette décision et les pièces qui constateront l'accomplissement de tout ou partie de ces formalités, seront jointes au dossier.

On remarque dans le § 2 de l'article 2, que le préfet doit désigner par un arrêté les localités ou territoires sur lesquels les travaux doivent avoir lieu, lorsque cette désignation ne résulte pas de la loi ou de l'ordonnance royale.

Cet acte a déjà été fait, puisque l'enquête qui a dû précéder la loi ou l'ordonnance dont il s'agit n'aurait pû être régulièrement ouverte, sans un arrêté semblable; mais c'est pour suppléer au dossier de l'enquête, dans le cas où la loi ou l'ordonnance ne désigneraient pas les localités ou territoires, que cet acte est exigé.

Avant d'adresser le dossier de toutes ces pièces au procureur du roi, le préfet propose aux parties intéressées de passer des conventions amiables ; dresse un état nominatif de celles qui ont donné leur consentement à l'aliénation, le joint au dossier, afin que ces mêmes parties ne soient point comptées dans le jugement d'expropriation. Si parmi les parties intéressées, se trouvent des mineurs, interdits ou autres incapables, le tribunal, sur simple requête, le ministère public entendu, peut donner à leur représentant l'autorisation nécessaire. Ces autorisations sont également jointes au dossier. (V. *Aliénation.*)

C'est dans les trois jours de la production de ces pièces que le tribunal, sur la requête du ministère public auquel elles sont adressées par le préfet, prononce l'expropriation pour cause d'utilité publique.

Le même jugement commet un des membres du tribunal pour remplir les fonctions de magistrat directeur du jury, et désigne un autre membre pour le remplacer au besoin.

En cas d'absence ou d'empêchement de ces deux magistrats, il sera pourvu à leur remplacement par une ordonnance sur requête du président du tribunal civil.

Le jugement ainsi rendu devant être transcrit au bureau des hypothèques de l'arrondissement dans lequel les propriétés sont situées, est notifié aux propriétaires ou à leur représentant, publié, affiché et inséré dans un journal ; le procureur du roi adresse la grosse de ce jugement au préfet qui procède à toutes les formalités.

Le tribunal ordonne les mesures de conservation ou de remploi qu'il juge nécessaires ; applique les mêmes dispositions aux immeubles dotaux et aux majorats. (V. *Aliénation.*)

Art. 68. Lorsqu'il y a urgence de prendre possession des terrains, le tribunal fixe le montant de la somme à consigner.

Le tribunal peut se transporter sur les lieux, ou commettre un juge pour visiter les terrains, recueillir tous les renseignements propres à en déterminer la valeur, et en dresser, s'il y a lieu, un procès-verbal descriptif. Cette question devra être terminée dans les cinq jours, à dater du jugement qui l'aura ordonnée.

Dans les trois jours de la remise de ce procès-verbal au greffe, le tribunal déterminera la somme à consigner. (V. *Consignation.*)

ART. 72, L. Dans le même cas, le président taxera les dépens, qui seront supportés par l'administration. (V. *Tarif.*)

TUTEUR. Qualité de celui qui doit prendre soin de la personne d'un mineur, d'un interdit, d'en administrer les biens, et de le représenter dans tous les actes publics. (V. *Incapables.*)

On trouve aux mots *Acceptation*, *Aliénation*, ce qu'un tuteur doit faire lorsqu'il s'agit de céder amiablement ou forcément des biens des mineurs pour des travaux d'utilité publique.

USUFRUIT, USUFRUITIER. L'usufruit est le droit de jouir des choses dont un autre à la propriété, comme le propriétaire lui-même, mais à la charge d'en conserver la substance. (*Code civil* 598.) Il est donc conventionnel ou légal.

En vertu de l'article 21 de la loi du 3 mai 1841, le propriétaire est tenu de faire connaître à l'administration, ceux qui ont des droits d'usufruit sur les terrains ou bâtiments cédés pour des travaux d'utilité publique; si non, il restera seul chargé envers eux des indemnités que ces derniers pourront réclamer.

Il est dans l'intérêt de l'usufruitier de se présenter lui-même dans la quinzaine qui suit la publication du jugement d'expropriation, pour se faire connaître et exhiber des titres à l'administration. A défaut, il encourra les suites de cette négligence. (V. *Droits à l'indemnité.*)

VICES DE FORME. (V. *Recours.*)

VIOLATION. La loi du 31 mai 1841 porte, article 42 : La décision du jury et l'ordonnance du magistrat directeur, ne peuvent être attaquées que par la voie de recours en cassation, et seulement pour violation du premier paragraphe de l'article 30, de l'article 31, des deuxième et quatrième § de l'article 34 et des articles 35, 36, 37, 38, 39 et 40.

Le délai sera de quinze jours, pourvu que le recours soit d'ailleurs formé, notifié et jugé comme il est dit en l'article 20 ; il courra à partir du jour de la décision. (V. *Recours en Cassation* ; *Jury spécial*, 30, etc. )

Il y aurait donc violation du 1er § de l'article 30, si un jury choisi pour siéger, était propriétaire des terrains ou bâtiments désignés par le préfet, s'il était fermier ou locataire de ces biens ;

De l'article 31, si la convocation des jurés n'était pas faite huit jours avant leur réunion, si cette convocation n'était pas notifiée aux parties et si les noms des jurés n'étaient pas indiqués dans cette notification ;

Si le droit de réception était refusé, art. 34 ;

Si les jurés ne prêtaient pas le serment prescrit par l'article 36 ;

S'il délibéraient en nombre moindre de neuf, 35;

Si le jury refusait d'entendre les observations des parties et de leur fondé de pouvoir, art. 37 ;

Et s'ils ne se conformaient pas aux dispositions des articles 38 et 39. (V. *Clôture*, *Litige sur le fond*.)

---

# Loi du 30 mars 1831.

Louis-Philippe, etc.

Art. 1er. Lorsqu'il y aura lieu d'occuper tout ou partie d'une ou de plusieurs propriétés particulières pour y faire des travaux de fortifications dont l'urgence ne permettra pas d'accomplir les formalités de la loi du 8 mars 1810, il sera procédé de la manière suivante.

Art. 2. L'ordonnance royale qui autorisera les travaux et déclarera l'utilité publique, déclarera en même temps qu'*il y a urgence.*

Art. 3. Dans les vingt-quatre heures de la réception de l'ordonnance du roi, le préfet du département où les travaux de fortifications devront être exécutés, transmettra ampliation de ladite ordonnance au procureur du roi près le tribunal de l'arrondissement où seront situées les propriétés qu'il s'agira d'occuper, et au maire de la commune de leur situation.

Sur le vu de cette ordonnance, le procureur du roi requerra de suite, et le tribunal ordonnera immédiatement, que l'un des juges se transportera sur les lieux avec un expert que le tribunal nommera d'office.

Le maire fera sans délai publier l'ordonnance royale par affiche, tant à la principale porte de l'église du lieu qu'à celle de la maison commune, et par tous autres moyens possibles. Les publications et affiches seront certifiées par ce magistrat.

Art. 4. Dans les vingt-quatre heures, le juge-commissaire rendra, pour fixer le jour et l'heure de sa descente sur les lieux, une ordonnance qui sera signifiée, à la requête du procureur du roi, au maire de la commune où le transport devra s'effectuer, et à l'expert nommé par le tribunal.

Le transport s'effectuera dans les dix jours de cette ordonnance, et seulement huit jours après la signification dont il vient d'être parlé.

Le maire, sur les indications qui lui seront données par l'agent militaire chargé de la direction des travaux, convoquera, au moins cinq jours à l'avance, pour le jour et l'heure indiqués par le juge-commissaire,

1° Les propriétaires intéressés, et, s'ils ne résident pas sur les lieux, leurs agents, mandataires ou ayant-cause;

2° Les usufruitiers, ou autres personnes intéressées,

telles que fermiers, locataires, ou occupants à quelque titre que ce soit.

Les personnes ainsi convoquées pourront se faire assister par un expert ou arpenteur.

ART. 5. Un agent de l'administration des domaines et un expert ingénieur, architecte ou arpenteur, désignés l'un et l'autre par le préfet, se transporteront sur les lieux au jour et à l'heure indiqués, pour se réunir au juge-commissaire, au maire ou à l'adjoint, à l'agent militaire et à l'expert désigné par le tribunal.

Le juge-commissaire recevra le serment préalable des experts sur les lieux, et il en sera fait mention au procès-verbal.

L'agent militaire déterminera, en présence de tous, par des pieux et piquets, le périmètre du terrain dont l'exécution des travaux nécessitera l'occupation.

ART. 6. Cette opération achevée, l'expert désigné par le préfet procédera immédiatement et sans interruption, de concert avec l'agent de l'administration du domaine, à la levée du plan parcellaire, pour indiquer dans le plan général de circonscription les limites et la superficie des propriétés particulières.

ART. 7. L'expert nommé par le tribunal dressera un procès-verbal qui comprendra,

1° La désignation des lieux, des cultures, plantations, clôtures, bâtiments et autres accessoires des fonds : cet état descriptif devra être assez détaillé pour pouvoir servir de base à l'appréciation de la valeur foncière, et, en cas de besoin, de la valeur locative, ainsi que des dommages et intérêts résultant des changements ou dégâts qui pourront avoir lieu ultérieurement ;

2° L'estimation de la valeur foncière et locative de chaque parcelle de ces dépendances, ainsi que de l'indemnité qui pourra être due pour frais de déménagement, pertes de récoltes, détérioration d'objets mobiliers, ou tous autres dommages.

Ces diverses opérations auront lieu contradictoirement avec l'agent de l'administration des domaines et l'expert nommé par le préfet, avec les parties intéressées si elles sont présentes, ou avec l'expert qu'elles auront désigné. Si elles sont absentes et qu'elles n'aient point nommé d'expert, ou si elles n'ont point le libre exercice de leurs droits, un expert sera désigné d'office par le juge-commissaire pour les représenter.

ART. 8. L'expert nommé par le tribunal devra, dans son procès-verbal,

1° Indiquer la nature et la contenance de chaque propriété, la nature des constructions, l'usage auquel elles sont destinées, les motifs des évaluations diverses, et le temps qu'il paraît nécessaire d'accorder aux occupants pour évacuer les lieux ;

2° Transcrire l'avis de chacun des autres experts, et les observations et réquisitions, telles qu'elles lui seront faites, de l'agent militaire, du maire, de l'agent du domaine, et des parties intéressées ou de leurs représentants. Chacun signera ses dires, ou mention sera faite de la cause qui l'en empêche.

ART. 9. Lorsque les propriétaires ayant le libre exercice de leurs droits consentiront à la cession qui leur sera demandée et aux conditions qui leur seront offertes par l'administration, il sera passé entre eux et le préfet un acte de vente qui sera rédigé dans la forme des actes d'administration et dont la minute restera déposée aux archives de la préfecture.

ART. 10. Dans le cas contraire, sur le vu de la minute du procès-verbal dressé par l'expert, et de celui du juge-commissaire qui aura assisté à toutes les opérations, le tribunal, dans une audience tenue aussitôt après le retour de ce magistrat, déterminera, en procédant comme en matière sommaire, sans retard et sans frais,

1° L'indemnité de déménagement à payer aux détenteurs avant l'occupation ;

2° L'indemnité approximative et provisionnelle de

dépossession qui devra être consignée, sauf réglement ultérieur et définitif préalablement à la prise de possession.

Le même jugement autorisera le préfet à se mettre en possession, à la charge,

1° De payer sans délai l'indemnité de déménagement, soit au propriétaire, soit au locataire ;

2° De signifier, avec le jugement, l'acte de consignation de l'indemnité provisionnelle de dépossession.

Ledit jugement déterminera le délai dans lequel, à compter de l'accomplissement de ces formalités, les détenteurs seront tenus d'abandonner les lieux.

Ce délai ne pourra excéder cinq jours pour les propriétés non bâties, et dix jours pour les propriétés bâties.

Le jugement sera exécutoire nonobstant appel ou opposition.

Art. 11. L'acceptation de l'indemnité approximative et provisionnelle de dépossession ne fera aucun préjudice à la fixation de l'indemnité définitive.

Si l'indemnité provisionnelle n'excède pas cent francs, le paiement en sera effectué sans production d'un certificat d'affranchissement d'hypothèque et sans formalité de purge hypothécaire.

Si l'indemnité excède cette somme, le gouvernement fera, dans les trois mois de la date du jugement dont il est parlé dans l'article précédent, transcrire ledit jugement, et purgera les hypothèques légales. A l'expiration de ce délai, l'indemnité provisionnelle sera exigible de plein droit, lors même que les formalités ci-dessus n'auraient pas été remplies, à moins qu'il n'y ait des inscriptions ou des saisies-arrêts, ou opposition : dans ce cas, il sera procédé selon les règles ordinaires et sans préjudice des dispositions de l'article 26 de la loi du 8 mars 1810.

Art. 12. Aussitôt après la prise de possession, le tribunal procédera au réglement définitif de l'indemnité de dépossession, dans les formes prescrites par les articles 16 et suivants de la loi du 8 mars 1810. Si

l'indemnité définitive excède l'indemnité provisionnelle, cet excédant sera payé conformément à l'article précédent.

ART. 13. L'occupation temporaire prescrite par ordonnance royale ne pourra avoir lieu que pour des
propriétés non bâties.

L'indemnité annuelle représentative de la valeur
locative de ces propriétés et du dommage résultant
du fait de la dépossession, sera réglée à l'amiable ou
par autorité de justice, et payée par moitié, de six
mois en six mois, au propriétaire et au fermier, le
cas échéant.

Lors de la remise des terrains qui n'auront été oc-
cupés que temporairement, l'indemnité due pour les
détériorations causées par les travaux, ou pour la différence entre l'état des lieux au moment de la remise
et l'état constaté par le procès-verbal descriptif, sera
payée sur le réglement amiable ou judiciaire, soit au
propriétaire, soit au fermier ou exploitant, et selon
leurs droits respectifs.

ART. 14. Si, dans le cours de la troisième année
d'occupation provisoire, le propriétaire ou son ayant-
droit n'est pas remis en possession, ce propriétaire
pourra exiger et l'Etat sera tenu de payer l'indemnité
pour la cession de l'immeuble, qui deviendra dès-
lors propriété publique.

L'indemnité foncière sera réglée, non sur l'état de
la propriété à cette époque, mais sur son état au
moment de l'occupation, tel qu'il aura été constaté
par le procès-verbal descriptif.

Tout dommage causé au fermier ou exploitant par
cette dépossession définitive lui sera payé après réglement amiable ou judiciaire.

ART. 15. Dans tous les cas où l'occupation provisoire ou définitive donnerait lieu à des travaux pour
lesquels un crédit n'aurait pas été ouvert au budget
de l'Etat, la dépense restera soumise à l'exécution de
l'article 152 de la loi du 25 mars 1817.

FIN.

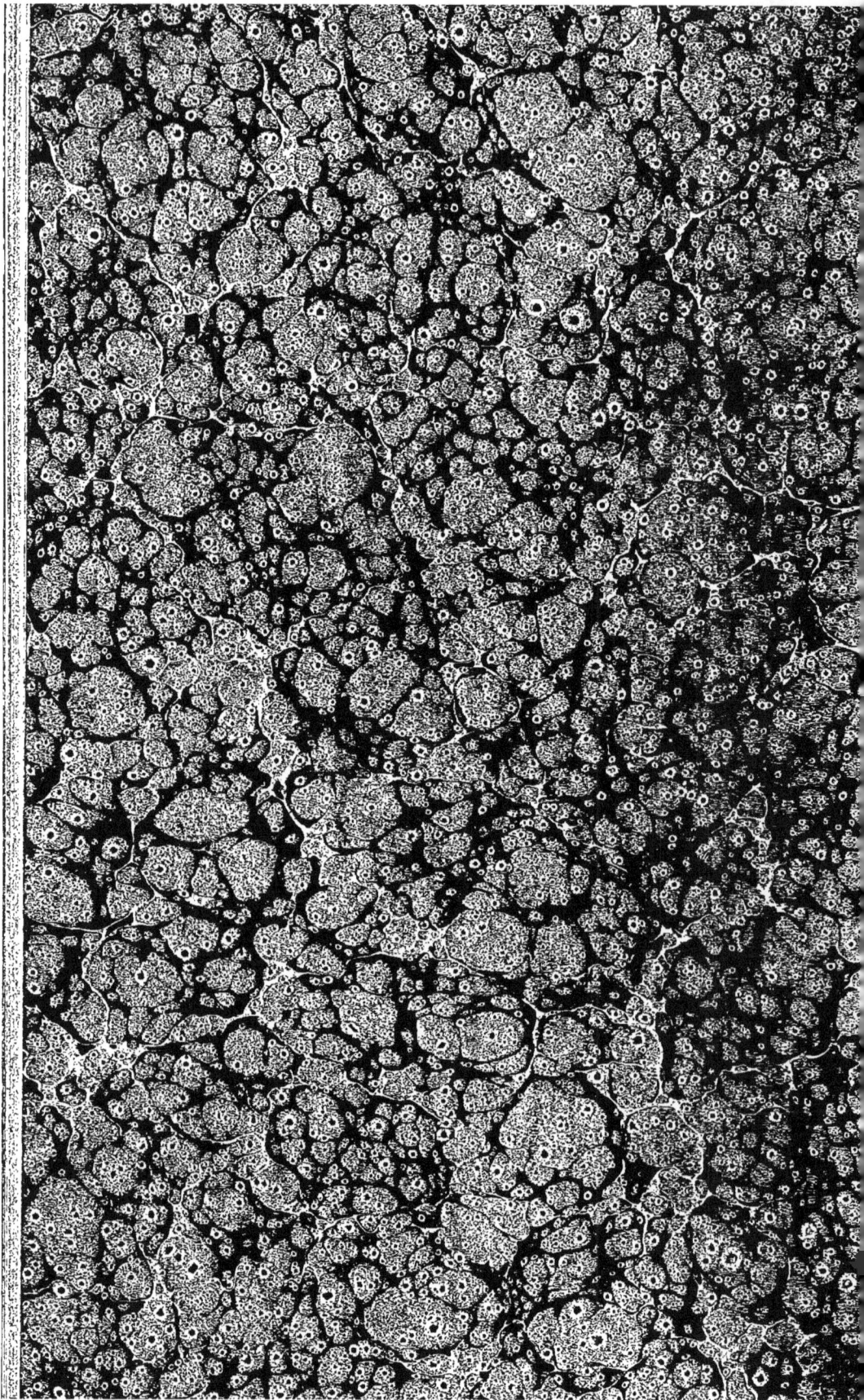

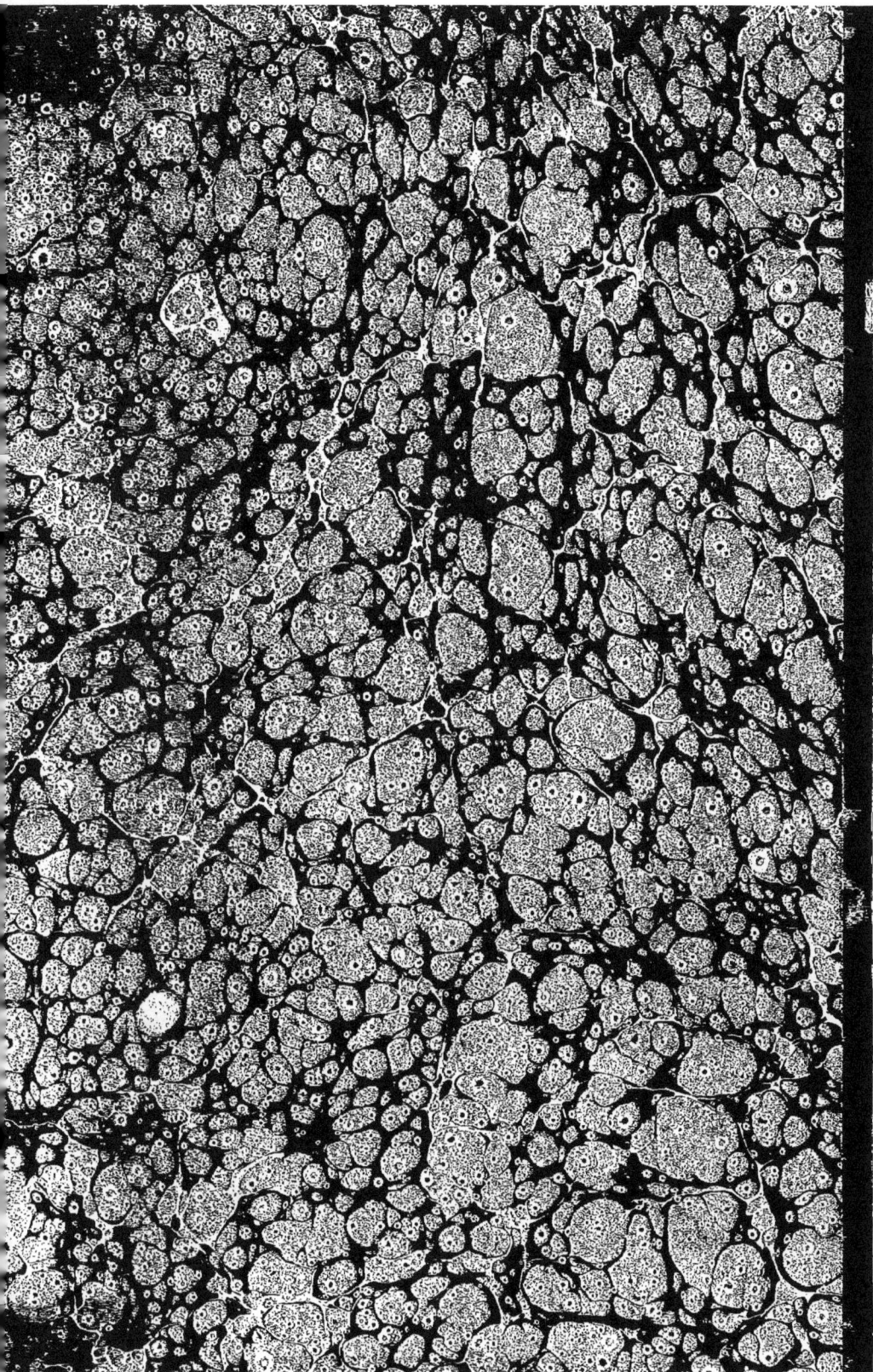